EL LIBRO DE COCINA DE VERDURAS DE RAÍZ

Dominar la cocina de tubérculos a través de 100 recetas

Lidia Medina

Material con derechos de autor ©2024

Reservados todos los derechos

Ninguna parte de este libro puede usarse ni transmitirse de ninguna forma ni por ningún medio sin el debido consentimiento por escrito del editor y del propietario de los derechos de autor, excepto las breves citas utilizadas en una reseña. Este libro no debe considerarse un sustituto del asesoramiento médico, legal o de otro tipo profesional.

TABLA DE CONTENIDO

TABLA DE CONTENIDO..3
INTRODUCCIÓN..8
APIONACO..9
1. SOUFFLÉ DE APIO NABO Y QUESO.....................................10
2. SOPA DE APIO NABO Y MANZANA CON NUECES TRITURADAS....13
3. SCHNITZEL DE CERDO CON REMOULADE DE APIO NABO............15
4. RISOTTO DE AJO CON CODORNICES..................................18
5. CREMA DE MEJILLONES CON AZAFRÁN.............................21
CHIRIVÍA...23
6. CROQUETAS DE ARROZ INTEGRAL, ALMENDRAS Y VERDURAS....24
7. SOPA DE PAVO CON ACELGAS Y CHIRIVÍA........................27
8. DURAZNO Y PASTEL DE CHIRIVÍA AL REVÉS.....................29
9. ÑOQUIS DE GARBANZO, CHIRIVÍA Y GRANADA.................32
10. BUÑUELOS DE CHIRIVÍA Y ZANAHORIA...........................35
11. SOPA DE INVIERNO CON CHIRIVÍAS.................................37
NABO SUECO...39
12. EMPANADAS DE BARBACOA...40
13. GUISO DE PATATAS CON RUTABAGA...............................42
14. ESTOFADO DE CARNE CON VEGETALES DE RAÍZ..........44
15. SALCHICHA DE PAVO CON VERDURAS DE RAÍZ............46
16. RICA SOPA DE GULASH HÚNGARO..................................48
17. HORNEADO DE TRIGO SARRACENO CON VERDURAS DE RAÍZ....50
18. LUBINA CON TUBÉRCULOS ASADOS................................52

19. ESTOFADO DE CARNE CARNÍVORA CON VERDURAS DE RAÍZ.....54
20. SOPA DE TAPIOCA Y VERDURAS DE OTOÑO..................57
21. ENSALADA PICADA FERMENTADA CON RUTABAGA.................59
22. SOPA DE POLLO Y TUBÉRCULOS DE OTOÑO..................61
23. SOPA DE PAVO DEL FESTIVAL DE OTOÑO..................64
24. SOPA DE CORDERO Y VERDURAS DE RAÍZ..................66
25. SOPA DE RABO DE TORO CON RUTABAGA..................68
26. EMPANADAS DE PATATA BEGEDIL..................70
27. COSECHA DE VERDURAS Y QUINUA..................73
28. POT-AU-FEU CLÁSICO..................75
29. BOCADITOS DE TOCINO Y QUESO..................78
NABOS..................80
30. CAZUELA DE NABOS Y CEBOLLA..................81
31. VINO DE NABO MAGO..................83
32. NABOS ESTOFADOS DE ACCIÓN DE GRACIAS..................86
33. SOPA TAIWANESA DE PASTEL DE NABO..................88
34. LECHUGAS MIXTAS CON BUÑUELOS DE NABO..................91
35. CAQUIS Y DAIKON TEMAKI..................93
36. ROLLOS DE DAIKON DE BROTES DE GUISANTES..................95
RÁBANO..................97
37. POLLO YUZU ASADO CON ENSALADA JAPONESA..................98
38. PESCADO AL VAPOR..................100
39. RISOTTO JAPONÉS CON CHAMPIÑONES..................102
40. POLLO ASADO CON PESTO DE PISTACHO..................104
41. PIZZA FRESCA DE JARDÍN..................107
42. SOPA CREMOSA DE RÁBANO..................109

43. SOPA PICANTE DE RÁBANO Y ZANAHORIA..................111
44. SOPA DE RÁBANO Y PATATA..................113
45. SOPA DE RÁBANOS Y HOJAS VERDES..................115
46. SOPA FRÍA DE RÁBANO..................117
47. SOPA DE RÁBANO Y REMOLACHA..................119
48. SOPA DE RÁBANO Y TOMATE..................121
49. SOPA DE CURRY DE RÁBANO Y COCO..................123
50. SOPA DE RÁBANOS Y ESPINACAS..................125
51. SOPA DE RÁBANOS Y CHAMPIÑONES..................127
52. ENSALADA DE CAMOTE ASADO Y PROSCIUTTO..................129
53. ENSALADA DE MICROGREENS DE SANDÍA Y RÁBANO..................131
54. DE MICROVEGETALES Y GUISANTES..................133
55. ENSALADA DE PRIMAVERA MICROVERDE..................135
REMOLACHA..................137
56. HASH DE REMOLACHA CON HUEVOS..................138
57. PIZZA DE DESAYUNO CON MASA DE REMOLACHA..................140
58. PAPAS FRITAS DE REMOLACHA..................142
59. REMOLACHA CON ENELDO Y AJO..................144
60. ENSALADA DE APERITIVO DE REMOLACHA..................146
61. BARCOS DE REMOLACHA..................148
62. BUÑUELOS DE REMOLACHA..................150
63. REMOLACHAS RELLENAS..................152
64. CABALLA ESPAÑOLA A LA PLANCHA CON MANZANAS Y REMOLACHA..................154
65. RISOTTO DE REMOLACHA..................156
66. DESLIZADORES DE REMOLACHA CON MICROVEGETALES..........158

67. CAMARONES CON AMARANTO Y QUESO DE CABRA..............161
68. VIEIRAS A LA PARRILLA CON SALSA DE REMOLACHA FRESCA. .164

BATATA...166
69. FRITTATA DE CAMOTE Y ESPINACAS.......................................167
70. TAZÓN DE DESAYUNO DE CAMOTE..169
71. CAZUELA DE DESAYUNO DE CAMOTE Y SALCHICHA...............171
72. GALLETAS DE DESAYUNO DE CAMOTE....................................173
73. SARTÉN PARA DESAYUNO CON CAMOTE Y TOCINO................175
74. TAZÓN DE BATIDO DE CAMOTE..177
75. TAZÓN DE BURRITO DE DESAYUNO CON CAMOTE.................179
76. CEVICHE PERUANO...181
77. BUÑUELOS DE BATATA CON JENGIBRE..................................183
78. BOCADITOS DE MALVAVISCO Y CAMOTE...............................185
79. BATATAS RELLENAS...187
80. PATATAS DULCES EN TEMPURA...189
81. TEMPURA DE PAVO Y BONIATO...191
82. NACHOS DE CAMOTE...193
83. CHIPS DE BATATA AL HORNO..195
84. CHIPS DE BATATA CON CURRY Y ESPECIAS...........................197
85. PATATAS FRITAS DE CAMOTE A LA BARBACOA......................199
86. RONDAS DE CAMOTE...201
87. DESLIZADORES DE PAVO CON CAMOTE.................................203
88. TACOS DE TINGA DE CAMOTE Y ZANAHORIA........................205
89. ALBÓNDIGAS DE LENTEJAS Y ARROZ....................................207
90. CAZUELA DE BATATA Y MALVAVISCOS..................................209
91. CAZUELA DE CAMOTE Y COPOS DE MAÍZ..............................211

92. PAN DE FRIJOLES Y MIJO CON BATATAS...................213
93. ÑOQUIS DE CAMOTE CON PESTO DE RÚCULA.................216
94. ÑOQUIS DE CASTAÑAS Y BONIATO........................219
95. ÑOQUIS DE CAMOTE Y ZANAHORIA........................223
TOPINAMBUR..225
96. CARPACCIO VEGETARIANO...............................226
97. ALCACHOFAS DE JERUSALÉN CON GRANADA.................228
98. CÓCTEL DE ALCACHOFAS Y CILANTRO.....................230
99. POLLO ASADO CON ALCACHOFA DE JERUSALÉN..............232
100. LASAÑA DE ESPINACAS Y CAMOTE......................235
CONCLUSIÓN..238

INTRODUCCIÓN

Bienvenido a "EL LIBRO DE COCINA DE VERDURAS DE RAÍZ", su guía completa para dominar el arte de la cocina de tubérculos a través de 100 deliciosas recetas. Este libro de cocina es una celebración del mundo diverso y nutritivo de los tubérculos y lo guía a través de un viaje culinario que explora sus sabores, texturas y versatilidad. Únase a nosotros mientras nos embarcamos en una aventura culinaria que eleva las raíces humildes a la excelencia culinaria.

Imagine una mesa adornada con vibrantes verduras asadas, guisos abundantes y platos creativos, todos inspirados en las bondades terrenales de los tubérculos. "El libro de cocina de l Root Veggies" no es sólo una colección de recetas; es una exploración de los beneficios nutricionales, la variedad estacional y las posibilidades culinarias que ofrecen los tubérculos. Ya sea que sea un cocinero casero experimentado o esté comenzando su viaje culinario, estas recetas están diseñadas para inspirarlo a aprovechar al máximo los tesoros subterráneos de la naturaleza.

Desde los clásicos tubérculos asados hasta platos innovadores con chirivías, remolachas, zanahorias y más, cada receta es una celebración de los sabores terrosos y la riqueza nutricional que los tubérculos aportan a su mesa. Ya sea que esté planeando una cena familiar o desee agregar variedad a sus comidas a base de plantas, este libro de cocina es su recurso de referencia para dominar el arte de la cocina con tubérculos.

Únase a nosotros mientras profundizamos en el potencial culinario de los tubérculos, donde cada creación es un testimonio de la diversidad y adaptabilidad de estas gemas subterráneas. Entonces, póngase el delantal, abrace las bondades naturales y embarquémonos en un sabroso viaje a través del "Libro de cocina de verduras de raíz".

APIONACO

1. Soufflé de apio nabo y queso

INGREDIENTES:
- 1¾ taza de apio nabo, pelado y cortado en cubitos
- 2 huevos de gallinas camperas
- ½ taza de leche semidesnatada con 2% de grasa
- 1 cucharada de harina de maíz
- 4 cucharadas de queso maduro medio graso, rallado
- 2 cucharadas de parmesano finamente rallado
- ¼ de cucharadita de nuez moscada recién rallada
- ¼ de cucharadita de sal marina, dividida
- ¼ de cucharadita de pimienta negra recién molida
- 2 pulverizaciones de aceite de oliva en spray

INSTRUCCIONES:
a) Precaliente el horno a 170 ° C, ventilador, 375 ° F, marca de gas 5. Engrase el interior de 2 moldes para horno y colóquelos en una fuente para asar.

b) Pelar el apio nabo y cortarlo en trozos. Agregue esto y ⅛ de cucharadita de sal a una cacerola con agua hirviendo y cocine durante 4-5 minutos hasta que estén tiernos.

c) Escurre el apio y haz puré en un mini procesador de alimentos hasta que quede suave, luego transfiérelo a un tazón.

d) Si no tienes un mini procesador de alimentos, simplemente machaca el apio en un tazón con un tenedor hasta que quede suave.

e) Sazone el apio nabo con sal, pimienta y nuez moscada recién rallada. Ralla el queso y mézclalo.

f) Separar los huevos, colocar las claras en un bol limpio y poner las yemas en el bol con el apio.

g) Batir las yemas de huevo con el puré de apio y reservar.

h) Aflojar la harina de maíz con la leche y verter la mezcla en la cacerola.

i) Calienta a fuego medio, batiendo todo el tiempo, hasta que la salsa espese, luego cocina por un minuto más.

j) Agrega 5 cucharadas de la mezcla de queso rallado a la salsa y bate hasta que se derrita. No te preocupes si tu salsa es mucho más espesa de lo que sería una salsa para verter, esta salsa espesa tiene la consistencia correcta para hacer el soufflé.

k) Incorpora la salsa de queso a la mezcla de apio.
l) Pon la tetera a hervir.
m) Con un batidor limpio, bata las claras hasta que formen picos rígidos, pero no bata demasiado.
n) La clara del huevo debe estar firme y los picos deben mantener su forma sin que quede clara líquida.
o) Use una espátula o una cuchara de metal y agregue 1 cucharada a la mezcla de apio para aligerarla.
p) Luego agregue la mitad de la clara de huevo restante a la mezcla de apio.
q) Con un ligero toque, dóblelo rápidamente, cortando la mezcla y dándole la vuelta, hasta que todo esté bien combinado pero aún ligero y aireado.
r) Repita con la clara de huevo batida restante. Vierta la mezcla uniformemente entre los moldes preparados y espolvoree sobre el queso rallado restante.
s) Coloque los moldes en la fuente para asar y vierta con cuidado unos 2,5 cm/1" de agua hirviendo en la fuente para asar, teniendo cuidado de no salpicar los moldes.
t) Colocar en el horno y cocinar durante 20-25 minutos hasta que los soufflés estén bien leudados y dorados.
u) ¡Sirva directamente del molde y cómelo inmediatamente!

2. Sopa De Apio Nabo Y Manzana Con Nueces Trituradas

INGREDIENTES:
- 1 cebolla, pelada y picada en trozos grandes
- 1 apio nabo (600–800 g), pelado y cortado en cubitos
- 2 manzanas de Cox, peladas, sin corazón y picadas en trozos grandes
- 2 cucharadas de aceite de oliva
- 1 cucharada de hojas de tomillo
- 1 litro de caldo de verduras
- Sal marina y pimienta blanca o negra recién molida
- Servir
- Un puñado grande de nueces, picadas en trozos grandes
- Aceite de oliva virgen extra, para rociar

INSTRUCCIONES:
a) Prepare la cebolla, el apio y las manzanas como se indica.
b) Coloca una cacerola grande a fuego medio y agrega el aceite de oliva. Cuando esté caliente, agregue la cebolla con una pizca de sal y cocine durante 4 a 5 minutos, o hasta que esté suave pero sin color.
c) Agrega el apio, las manzanas y las hojas de tomillo y cocina por 5 minutos.
d) Vierta el caldo de verduras y cocine a fuego lento. Continúe cocinando a fuego lento durante 5 minutos más o hasta que el apio esté tierno.
e) Retire la sartén del fuego y use una batidora de mano para mezclar bien. Sazone con sal y pimienta, luego pruebe y agregue más condimentos según sea necesario.
f) Sirva en tazones calientes, espolvoree con las nueces picadas y rocíe con un poco de aceite de oliva virgen extra antes de servir.

3. Schnitzel De Cerdo Con Remoulade De Apio Nabo

INGREDIENTES:
- 2 x 220 g de chuletas de cerdo deshuesadas
- 50 g de harina común
- 1 huevo
- 80 g de pan rallado fresco
- 1 cucharadita de eneldo seco
- 1 cucharadita de pimentón
- Aceite vegetal, para freír
- Sal marina y pimienta negra recién molida
- Para la remoulade
- 200 g de apio nabo, pelado y cortado en juliana
- 2 cucharadas de mayonesa
- 1 cucharadita de mostaza integral
- 2 cucharadas de crema agria
- 1 cucharada de perejil de hoja plana finamente picado
- Exprimir jugo de limón

SERVIR
- 2 puñados pequeños de berros
- Rodajas de limón (opcional)

INSTRUCCIONES:
a) Con un cuchillo afilado, retire la grasa de cada chuleta de cerdo. Colóquelos entre dos trozos de film transparente y utilice un mazo o un rodillo para aplanarlos hasta obtener un grosor de 5 mm.

b) Pon la harina en un recipiente poco profundo, sazona con sal y pimienta y mezcla bien. Batir ligeramente el huevo en un segundo recipiente poco profundo. Coloque el pan rallado en un tercer tazón poco profundo y mezcle con el eneldo y el pimentón. Sazone ambos lados de las chuletas, luego cubra cada una primero con harina, luego con huevo y finalmente con pan rallado.

c) Para la remoulade, ponga el apio, la mayonesa, la mostaza, la crema agria y el perejil en un bol grande y mezcle bien. Agrega un poco de jugo de limón y sazona al gusto. Dejar de lado.

d) Calentar 1 cm de aceite vegetal en una sartén. Cuando esté caliente, agregue con cuidado los escalopes y cocine durante 2 a 3 minutos por cada lado. Escurrir sobre papel de cocina.

e) Sirva los escalopes con una cucharada generosa de remoulade, un puñado de berros y una rodaja de limón (si se usa) a un lado.

4. Risotto De Ajo Con Codornices

INGREDIENTES:
- apio nabo 1/2 pequeño, cortado en trozos de 1 cm
- aceite de oliva
- ajo 1 cabeza, dientes pelados
- romero 1 ramita
- chalota 1, finamente picada
- puerro 1, finamente picado
- hojas de tomillo 1 cucharadita
- mantequilla 100g
- arroz para risotto 400g
- aceite vegetal
- caldo de pollo 1,5 litros
- Queso ecorino 80g, finamente rallado
- perejil de hoja plana un puñado pequeño, picado
- codorniz 4, limpia y espaciada

INSTRUCCIONES:

a) Calentar el horno a 180C/ventilador 160C/gas 4. Poner el apio nabo cortado en cubitos en una bandeja para horno. Sazona y rocía con un poco de aceite vegetal. Ase durante 15 minutos o hasta que estén tiernos y dorados.

b) Mientras tanto, poner en una sartén pequeña el ajo, el romero y 100ml de aceite de oliva (para que el ajo quede sumergido, añadir más aceite si es necesario) y calentar a fuego lento durante 10 minutos, o hasta que el ajo esté suave y ligeramente dorado.

c) Retirar y enfriar el aceite. Puedes usar el aceite de ajo sobrante para cocinar, pero guárdalo en el refrigerador y úsalo dentro de una semana.

d) Sofreír la chalota, el puerro y el tomillo con 50g de mantequilla y 50ml de aceite de oliva. Estación. Cuando las verduras estén blandas añade el arroz y revuelve hasta que todos los granos estén cubiertos.

e) Calienta suavemente durante 1 minuto para romper el arroz (esto permite una absorción más fácil).

f) Añade 500ml de caldo al risotto y remueve hasta que se absorba todo. Repita otras 2 veces. Esto debería tomar alrededor de 20 minutos. Agregue más caldo si es necesario para obtener una consistencia cremosa.

g) Retirar del fuego cuando el arroz esté tierno, añadir el apionabo, el resto de la mantequilla, el queso y el perejil y sazonar. Cubrir con una tapa y dejar reposar.

h) Enciende el horno a 200C/ventilador 180C/gas 6. Calienta una plancha a fuego medio. Engrase y sazone las codornices, luego coloque las aves con la piel hacia abajo en la plancha durante 4 minutos hasta que estén doradas y carbonizadas.

i) Voltear y cocinar por 2 minutos más. Transfiera a una bandeja para hornear y ase durante 10 a 15 minutos hasta que esté bien cocido y los jugos salgan claros. Descanse durante 2 minutos bajo papel de aluminio. Divida el risotto entre platos calientes.

j) Cortar las codornices por la mitad a lo largo del lomo y ponerlas sobre el risotto. Con el dorso de un cuchillo aplastar los ajos confitados y esparcirlos por encima.

5. Crema De Mejillones Con Azafrán

INGREDIENTES:
- 750 g (1 libra 10 oz) de mejillones pequeños, limpios
- 4 cucharadas de vino blanco seco
- 50 g (2 onzas) de mantequilla
- 225 g (8 oz) de apio nabo pelado y picado
- 125 g (4½ oz) de puerro en rodajas
- 1 diente de ajo pequeño, picado
- unos 750 ml de caldo de pescado
- una buena pizca de hebras de azafrán
- 175 g (6 oz) de tomates maduros en rama
- 4 cucharadas de crema fresca

INSTRUCCIONES:

a) Pon los mejillones y 2 cucharadas de vino en una cacerola mediana. Coloque a fuego alto y cocine durante 2 a 3 minutos o hasta que los mejillones recién se hayan abierto.

b) Derrita la mantequilla en una sartén limpia, agregue el apio, el puerro, el ajo y el vino restante. Tapar y cocinar a fuego lento durante 5 minutos.

c) Ponga todo menos la última cucharada o dos del licor de mejillón en una jarra medidora grande y complete hasta 900 ml con el caldo de pescado. Añade a la sartén las verduras junto con el azafrán y los tomates, tapa y cocina a fuego lento durante 30 minutos.

d) Deje que la sopa se enfríe un poco y luego mezcle hasta que quede suave. Primero pasar por un colador, luego pasar una vez más por un chino en una cacerola limpia y llevar nuevamente a ebullición. Agregue la crème fraîche y un poco de condimento al gusto.

e) Retire la sartén del fuego y agregue los mejillones para calentarlos brevemente, pero no permita que se cocinen más de lo que ya están.

CHIRIVÍA

6. Croquetas De Arroz Integral, Almendras Y Verduras

INGREDIENTES:
- 1½ tazas de arroz integral de grano corto
- 3½ tazas de caldo desgrasado
- 1 cucharadita de sal
- 1 cucharada de aceite
- ½ taza de apio picado
- ¾ taza de chirivías ralladas
- ¾ taza de batatas o zanahorias ralladas
- ¾ taza de cebollas verdes picadas
- ¼ de taza de almendras tostadas y fileteadas
- ½ taza de pan rallado tostado
- ⅓ taza de perejil fresco picado
- 1 cucharada de salsa de soja reducida en sodio
- 1 huevo batido

INSTRUCCIONES:

a) En una cacerola mediana a fuego medio-alto, hierva el arroz integral, el caldo desgrasado y la sal. Tapa la cacerola y reduce el fuego a bajo. Cuece el arroz durante 40 a 45 minutos o hasta que se haya absorbido toda el agua. Deja enfriar.

b) En una sartén antiadherente de 10 pulgadas a fuego medio-alto, combine el aceite, el apio picado, las chirivías ralladas y las batatas o zanahorias ralladas. Cocine y revuelva durante 3 a 5 minutos o hasta que las verduras estén suaves pero no doradas. Agrega las cebollas verdes picadas y cocina por 1 minuto más. Alejar del calor.

c) En un tazón grande, combine las verduras salteadas, las almendras tostadas y picadas, el pan rallado tostado, el perejil fresco picado, la salsa de soja reducida en sodio, el huevo batido y el arroz integral cocido. Mezclar todo bien para asegurar una distribución uniforme.

d) Forme hamburguesas de 3 pulgadas con la mezcla, dándoles forma con las manos.

e) Lavar y secar la sartén utilizada para saltear las verduras. Cubre la sartén con spray vegetal antiadherente y ponla a fuego medio-alto.

f) Una vez que la sartén esté caliente, agrega las croquetas a la sartén. Cocine de 3 a 5 minutos por cada lado o hasta que se doren y estén crujientes.

g) Retira las croquetas de la sartén y sírvelas calientes.

7. Sopa De Pavo Con Acelgas Y Chirivía

INGREDIENTES :
- 1 cucharada de aceite de canola
- 1 libra de muslos de pavo
- 1 zanahoria, cortada y picada
- 1 puerro, picado
- 1 chirivía, picada
- 2 dientes de ajo, picados
- 1 ½ cuartos de caldo de pavo
- vainas de anís de 2 estrellas
- Sal marina, al gusto
- ¼ de cucharadita de pimienta negra molida o más al gusto
- 1 hoja de laurel
- 1 manojo de albahaca tailandesa fresca
- ¼ de cucharadita de eneldo seco
- ½ cucharadita de cúrcuma en polvo
- 2 tazas de acelgas, cortadas en pedazos

INSTRUCCIONES :

a) Presione el botón "Saltear" y caliente el aceite de canola. Ahora, dore los muslos de pavo durante 2 a 3 minutos por cada lado; reservar.

b) Agregue un chorrito de caldo de pavo para raspar los trozos dorados del fondo.

c) Luego, agregue la zanahoria, el puerro, la chirivía y el ajo a la olla instantánea. Saltee hasta que estén tiernos.

d) Agregue el caldo de pavo restante, las vainas de anís estrellado, la sal, la pimienta negra, la hoja de laurel, la albahaca tailandesa, el eneldo y la cúrcuma en polvo.

e) Asegure la tapa. Elija la configuración "Sopa" y cocine durante 30 minutos. Una vez que se complete la cocción, use un alivio de presión natural; Retire con cuidado la tapa.

f) Agregue las acelgas mientras aún estén calientes para que se marchiten las hojas. ¡Disfrutar!

8.Durazno Y pastel de chirivía al revés

INGREDIENTES:
- 200 g (peso escurrido) de peras enlatadas en jugo
- 225 g (peso escurrido) de melocotón en conserva en rodajas en su jugo
- 225 g de chirivías ralladas
- 85g de pasas
- 225 g de harina con levadura
- 2 cucharaditas de polvo de hornear
- ¼ cucharadita de bicarbonato de sodio
- 2 cucharaditas de especias mixtas
- 100 ml de aceite vegetal
- 3 huevos grandes, batidos
- 1 cucharadita de extracto de vainilla

INSTRUCCIONES:

a) Precalienta el horno a 200°C/180°C ventilador. Engrase y forre un molde para pastel redondo de 20 cm (8 pulgadas) con papel de horno. Escurre la fruta enlatada.

b) En un bol, tritura las peras con un tenedor.

c) Coloque las rodajas de melocotón en forma de molino de viento o círculo en el fondo del molde para pastel, dejando espacio entre ellas pero distribuyéndolas uniformemente.

d) En un recipiente aparte, mezcle todos los ingredientes restantes (chirivías ralladas, pasas, harina con levadura, levadura en polvo, bicarbonato de sodio, mezcla de especias, aceite vegetal, huevos batidos y extracto de vainilla) con el puré de pera usando una cuchara de madera hasta completamente mezclado.

e) Vierta la mezcla sobre los melocotones en el molde para pastel, asegurándose de que queden cubiertos uniformemente.

f) Hornea el bizcocho durante 35 minutos hasta que se dore.

g) Antes de sacar el bizcocho del horno, forrar una bandeja de horno con papel de horno.

h) Retire el pastel del horno e inmediatamente colóquelo en la bandeja para hornear forrada, de modo que los melocotones queden ahora encima del pastel. Retire el papel de hornear del pastel y colóquelo nuevamente en el horno durante otros 15 minutos hasta que la masa de la parte superior esté completamente cocida.

i) Retira el bizcocho del horno y déjalo enfriar sobre una rejilla antes de servir.

9.Ñoquis De Garbanzo, Chirivía Y Granada

INGREDIENTES:
- 2 tazas de garbanzos cocidos, escurridos y enjuagados
- 1 taza de chirivías cocidas, trituradas
- 1 ½ tazas de harina para todo uso
- ¼ de taza de levadura nutricional (opcional, para darle más sabor)
- 1 cucharadita de sal
- ½ cucharadita de ajo en polvo
- ¼ cucharadita de pimienta negra
- Aceite de oliva (para cocinar)
- Salsa de su elección (p. ej., marinara, pesto) para servir
- Semillas de granada (para servir)

INSTRUCCIONES:
a)   En un tazón grande, combine los garbanzos cocidos y las chirivías trituradas. Tritúrelos con un machacador de papas o un tenedor hasta que estén bien combinados.

b)   Agrega la harina, la levadura nutricional (si la usas), la sal, el ajo en polvo y la pimienta negra al tazón. Revuelva bien para combinar y formar una masa.

c)   Espolvoree una superficie limpia con harina y transfiera la masa de ñoquis sobre ella. Amasar la masa suavemente durante unos minutos hasta que quede suave y flexible. Tenga cuidado de no amasar demasiado.

d)   Divide la masa en porciones más pequeñas. Tome una porción y enróllela hasta formar una cuerda larga de aproximadamente ½ pulgada de grosor. Repita con la masa restante.

e)   Utilice un cuchillo o un raspador de banco para cortar las cuerdas en trozos pequeños, de aproximadamente 1 pulgada de largo. Puedes dejarlos como están o usar el dorso de un tenedor para crear crestas en cada pieza.

f)   Ponga a hervir una olla grande de agua con sal. Agrega los ñoquis en tandas, teniendo cuidado de no abarrotar la olla. Cocine los ñoquis durante unos 2-3 minutos o hasta que floten hacia la superficie. Una vez que floten, cocine por 1 minuto más y luego retírelos con una espumadera o un colador de araña. Repetir hasta que todos los ñoquis estén cocidos.

g) Calienta un poco de aceite de oliva en una sartén a fuego medio. Agrega los ñoquis cocidos en una sola capa y cocina por unos minutos hasta que estén ligeramente dorados y crujientes. Dales la vuelta y cocina durante uno o dos minutos más. Repita con los ñoquis restantes.

h) Sirva los ñoquis de garbanzo y chirivía calientes con la salsa de su elección, como marinara o pesto.

i) También puedes agregar un poco de queso parmesano rallado, semillas de granada y hierbas frescas para decorar si lo deseas.

10. Buñuelos De Chirivía Y Zanahoria

INGREDIENTES:
- 225 gramos Chirivía; rallado
- 2 zanahorias medianas; rallado
- 1 cebolla; rallado
- 3 cucharadas de cebollino fresco cortado
- Sal y pimienta negra recién molida
- 2 huevos medianos
- ½ paquete de Salchichas de Cerdo
- 100 gramos de queso Cheddar fuerte
- 40 gramos de harina común
- 2 cucharadas de perejil fresco picado

INSTRUCCIONES:
a) Mezcle las chirivías, las zanahorias, la cebolla, el cebollino, el condimento y un huevo hasta que estén bien mezclados. Dividir en cuatro y aplanar para formar panqueques ásperos.

b) Calienta una sartén grande y cocina las salchichas durante 10 minutos, volteándolas ocasionalmente hasta que estén doradas.

c) Mientras tanto, agrega los panqueques a la sartén y fríelos durante 3 minutos por cada lado hasta que estén dorados.

d) Mezcle los ingredientes restantes para formar una pasta firme y enrolle hasta formar un tronco grande. Cortar en cuatro.

e) Picar las salchichas y dividirlas entre los buñuelos. Cubra cada uno con una rodaja de queso.

f) Colóquelo debajo de la parrilla precalentada y cocine durante 5 a 8 minutos hasta que burbujee y se derrita.

g) Sirva inmediatamente adornado con cebollino y chutneys.

11. Sopa de invierno con chirivías

INGREDIENTES:
- 1½ tazas de cebolla amarilla – cortada en rodajas finas
- 1 taza de apio – en rodajas finas
- 16 onzas de caldo de verduras
- 3 tazas de espinacas tiernas
- 4 tazas de chirivías cortadas en cubitos, peladas y cortadas en cubitos
- 1 cucharada de aceite de coco
- ½ taza de leche de coco

INSTRUCCIONES:

a) Calienta el aceite en una sartén grande a fuego moderado y cocina la cebolla y el apio.

b) Agrega las chirivías y el caldo y deja hervir.

c) R eduzca el fuego a bajo y cubra durante 20 minutos.

d) Agregue las espinacas, revuelva bien para combinar, retire del fuego y haga puré la sopa en tandas en una licuadora hasta que quede suave.

e) Agrega la leche de coco y sirve inmediatamente.

NABO SUECO

12. Empanadas De Barbacoa

INGREDIENTES:
- 4 bases para tarta congeladas; descongelado
- 1¼ libras de cerdo desmenuzado
- 4 patatas moderadas ; cortado en cubitos
- 1 cebolla grande; cortado en cubitos
- ¼ de taza de rutabaga; cortado en cubitos
- 1 zanahoria cortada en cubitos
- ½ cucharada de salvia
- ½ cucharada de tomillo
- Sal y pimienta

INSTRUCCIONES:
a) Mezcle todos los ingredientes y coloque ¼ en cada base de pastel. superponga la masa sobre el relleno para hacer pasteles en forma de luna fraccionada .
b) Sella los bordes y corta un par de pequeñas hendiduras en la parte superior.
c) Ase durante 15 minutos.

13. Guiso de patatas con rutabaga

INGREDIENTES:
- 1 libra de carne molida magra
- 1 cebolla, picada
- 4 tallos de apio, picados
- 3/4 taza de salsa de tomate
- 7 tazas de agua
- 1/2 taza de zanahorias pequeñas
- 1 colinabo pequeño, picado
- 4 patatas grandes, picadas
- 1 repollo pequeño, finamente picado

INSTRUCCIONES:

a) En una olla, revuelva y cocine el apio, la cebolla y la hamburguesa a fuego medio hasta que la carne se dore. Drene el exceso de grasa.

b) Incorpora las patatas, el colinabo, las zanahorias pequeñas, el agua y el ketchup. Hervir.

c) Cocine a fuego lento durante 20 minutos a fuego lento.

d) Agrega el repollo picado. Cocine a fuego lento hasta que las verduras estén tiernas durante 30 a 45 minutos.

14. Estofado de carne con vegetales de raíz

INGREDIENTES:
- 1 libra de carne molida magra (90% magra)
- 1 cebolla mediana, picada
- 2 latas (14-1/2 onzas cada una) de caldo de res reducido en sodio
- 1 batata mediana, pelada y cortada en cubitos
- 1 taza de zanahorias en cubos
- 1 taza de colinabo pelado en cubos
- 1 taza de chirivías peladas en cubos
- 1 taza de papas peladas en cubos
- 2 cucharadas de pasta de tomate
- 1 cucharadita de salsa inglesa
- 1/2 cucharadita de tomillo seco
- 1/4 cucharadita de sal
- 1/4 cucharadita de pimienta
- 1 cucharada de maicena
- 2 cucharadas de agua

INSTRUCCIONES:
a) En una tetera grande o en una olla, cocine la cebolla y la carne a fuego medio hasta que no quede rosado; luego escurrir.
b) Agregue pimienta, sal, tomillo, salsa inglesa, pasta de tomate, verduras y caldo. Dejar hervir. Bajar el fuego; cocine a fuego lento mientras está tapado durante 30 a 40 minutos, hasta que las verduras se ablanden.
c) En un tazón pequeño, combine el agua y la maicena hasta que quede suave; mezclar con el guiso. Poner a hervir; cocine y mezcle durante 2 minutos, hasta que espese.

15. Salchicha De Pavo Con Verduras De Raíz

INGREDIENTES:
- 1 paquete (14 onzas) de kielbasa de pavo ahumado, cortado en trozos de 1/2 pulgada
- 1 cebolla mediana, picada
- 1 taza de colinabo pelado en cubos
- 1 taza de zanahorias en rodajas
- 1 cucharadita de aceite de canola
- 4 tazas de papas peladas en cubitos
- 1 lata (14-3/4 onzas) de caldo de pollo reducido en sodio
- 1 cucharadita de tomillo seco
- 1/4 cucharadita de salvia frotada
- 1/4 cucharadita de pimienta
- 1 hoja de laurel
- 1/2 repollo mediano, cortado en 6 gajos
- 1 cucharadita de harina para todo uso
- 1 cucharada de agua
- 1 cucharada de perejil fresco picado
- 2 cucharaditas de vinagre de sidra

INSTRUCCIONES:
a) Cocine las zanahorias, el colinabo, la cebolla y las salchichas en una olla con aceite hasta que la cebolla esté tierna, o unos 5 minutos. Poner laurel, pimienta, salvia, tomillo, caldo y patatas. Hervir. Cubra con los gajos de repollo. Baje el fuego y cocine a fuego lento, tapado, hasta que el repollo y las papas estén tiernos, o aproximadamente de 20 a 25 minutos.

b) Transfiera el repollo con cuidado a un tazón para servir poco profundo; luego manténgase caliente. Retire la hoja de laurel. Mezclar agua y harina hasta que queden

c) liso; Incorpora la mezcla de salchicha. Hierva y cocine mientras revuelve hasta que espese, o aproximadamente 2 minutos. Agregue el vinagre y el perejil. Agrega encima del repollo con una cuchara.

16. Rica sopa de gulash húngaro

INGREDIENTES:
- 1-1/4 libras de carne para estofado de res, cortada en cubos de 1 pulgada
- 2 cucharadas de aceite de oliva, dividido
- 4 cebollas medianas, picadas
- 6 dientes de ajo, picados
- 2 cucharaditas de pimentón
- 1/2 cucharadita de semillas de alcaravea, trituradas
- 1/2 cucharadita de pimienta
- 1/4 cucharadita de pimienta de cayena
- 1 cucharadita de mezcla de condimentos sin sal
- 2 latas (14-1/2 onzas cada una) de caldo de res reducido en sodio
- 2 tazas de papas peladas en cubitos
- 2 tazas de zanahorias rebanadas
- 2 tazas de colinabos pelados en cubos
- 2 latas (28 onzas cada una) de tomates cortados en cubitos, sin escurrir
- 1 pimiento rojo dulce grande, picado
- 1 taza (8 onzas) de crema agria sin grasa

INSTRUCCIONES:

a) En una olla, dore la carne en 1 cucharada de aceite a fuego medio. Saca la carne; dejar escurrir la grasa.

b) Luego, calienta el aceite restante en la misma sartén; Saltee el ajo y la cebolla a fuego medio hasta que estén ligeramente dorados, de 8 a 10 minutos. Agrega la mezcla de condimentos, la cayena, la pimienta, la alcaravea y el pimentón; cocine y revuelva por un minuto.

c) Vuelva a colocar la carne en la sartén. Agrega los colinabos, las zanahorias, las papas y el caldo; llevar a ebullición. A continuación, baje el fuego; tapar y guisar durante 1 1/2

d) horas, o hasta que la carne esté casi tierna y las verduras tiernas.

e) Agregue el pimiento rojo y los tomates; volver a hervir. Luego reduzca el fuego; cubra y cocine durante 30 a 40 minutos más, o hasta que la carne y las verduras estén suaves. Disfrútelo con crema agria.

17. Horneado De Trigo Sarraceno Con Verduras De Raíz

INGREDIENTES:
- Aceite en aerosol para cocinar
- 2 patatas grandes, en cubos
- 2 zanahorias, en rodajas
- 1 colinabo pequeño, en cubos
- 2 tallos de apio, picados
- ½ cucharadita de pimentón ahumado
- ¼ de taza más 1 cucharada de aceite de oliva, cantidad dividida
- 2 ramitas de romero
- 1 taza de sémola de trigo sarraceno
- 2 tazas de caldo de verduras
- 2 dientes de ajo, picados
- ½ cebolla amarilla, picada
- 1 cucharadita de sal

INSTRUCCIONES:
a) Precalienta la freidora a 380 °F. Cubra ligeramente el interior de una cacerola con capacidad para 5 tazas con aceite de oliva en aerosol. (La forma de la cacerola dependerá del tamaño de la freidora, pero debe poder contener al menos 5 tazas).
b) En un tazón grande, mezcle las papas, las zanahorias, el colinabo y el apio con el pimentón y ¼ de taza de aceite de oliva.
c) Vierta la mezcla de verduras en la cazuela preparada y cubra con las ramitas de romero. Coloque la cacerola en la freidora y hornee por 15 minutos.
d) Mientras se cocinan las verduras, enjuague y escurra los granos de trigo sarraceno.
e) En una cacerola mediana a fuego medio-alto, combine los cereales, el caldo de verduras, el ajo, la cebolla y la sal con la cucharada restante de aceite de oliva. Lleva la mezcla a ebullición, luego reduce el fuego a bajo, tapa y cocina durante 10 a 12 minutos.
f) Retire la cacerola de la freidora. Retire las ramitas de romero y deséchelas. Vierta el trigo sarraceno cocido en el plato con las verduras y revuelva para combinar. Cubra con papel de aluminio y hornee por 15 minutos más.
g) Revuelva antes de servir.

18. Lubina con tubérculos asados

INGREDIENTES:
- 1 zanahoria, cortada en cubitos pequeños
- 1 chirivía, cortada en cubitos pequeños
- 1 colinabo, cortado en cubitos pequeños
- ¼ taza de aceite de oliva
- 2 cucharaditas de sal, divididas
- 4 filetes de lubina
- ½ cucharadita de cebolla en polvo
- 2 dientes de ajo, picados
- 1 limón, en rodajas y gajos adicionales para servir

INSTRUCCIONES:
a) Precalienta la freidora a 380 °F.

b) En un tazón pequeño, mezcle la zanahoria, la chirivía y el colinabo con aceite de oliva y 1 cucharadita de sal.

c) Sazone ligeramente la lubina con la cucharadita de sal restante y la cebolla en polvo, luego colóquela en la canasta de la freidora en una sola capa.

d) Extienda el ajo sobre cada filete y luego cúbralo con rodajas de limón.

e) Vierta las verduras preparadas en la canasta alrededor y encima del pescado. Ase durante 15 minutos.

f) Sirva con rodajas de limón adicionales si lo desea.

19. Estofado De Carne Carnívora Con Verduras De Raíz

INGREDIENTES:
- 2 libras de carne para estofado de res
- 1/3 taza de harina para todo uso
- Una pizca de sal marina fina
- 3 cucharadas de grasa animal
- 3 tazas de caldo de res dividido
- 6 chalotas francesas peladas y cortadas por la mitad
- 2 cebollas pequeñas peladas y cortadas en 8
- 2 dientes de ajo picados
- 1 libra de colinabo pelado y cortado en cubos de 1 pulgada
- 3 zanahorias medianas peladas y cortadas en monedas
- 1 cucharadita de mostaza Dijon

INSTRUCCIONES:

a) Precalienta el horno a 275°F.

b) Agregue 1 cucharadita de sal marina fina a la harina. Espolvoree 4 cucharadas de harina sazonada sobre la carne y mezcle bien la carne con la harina.

c) A fuego medio, derrita 1 cucharada de grasa animal en una olla grande.

d) Agrega la carne y dora toda la carne, volteando cada pieza con unas pinzas. Dejar de lado.

e) Vierta aproximadamente 1/2 taza de caldo de res en la sartén para desglasar; Raspe el fondo para quitar todos los trozos dorados. Vierta esta salsa sobre la carne dorada.

f) Transfiera a un tazón.

g) A fuego medio, derrite una cucharada de grasa animal en la olla. Agregue las chalotas y la cebolla.

h) Saltee durante 2 minutos y luego agregue el ajo; agregue el colinabo y las zanahorias también. Saltee durante 3-4 minutos hasta que las verduras se ablanden en los bordes.

i) Espolvoree el resto de la harina sazonada sobre las verduras (aproximadamente 2 cucharadas) y revuelva bien para cubrirlas.

j) Cocine durante aproximadamente un minuto y luego vierta el caldo de carne restante.

k) Regrese la carne y todos los jugos a la olla. Añade Dijon. Revuelva bien. Cubra la olla con una tapa hermética y colóquela en el horno.

l) Cocine a fuego lento el guiso durante 3 horas. Retire la tapa y cocine por una hora más. Deje que el guiso se enfríe durante unos 15 minutos antes de servir.

m) Servir con puré de papas.

20.Sopa de tapioca y verduras de otoño

INGREDIENTES:
- 3 tazas de caldo de verduras
- 1 ramita de romero
- 4 hojas de salvia
- 1 naranja, jugo y ralladura
- 1 colinabo pequeño, cortado en juliana
- 3 zanahorias, en rodajas
- 1 batata, pelada, cortada a lo largo y en rodajas
- 10 rábanos, en cuartos
- 2 tazas (500 ml) de leche de soja
- 1 cucharadita (5 ml) de curry en polvo
- 1 cucharadita de jengibre molido
- 1/2 cucharadita de cúrcuma molida
- 1/4 taza de perlas de tapioca grandes
- 1/2 cebolla morada, finamente picada
- 1 cucharada de perejil de hoja plana picado
- 1 cucharada de semillas de calabaza

INSTRUCCIONES:

a) Calentar el caldo de verduras con el romero, la salvia y el zumo de naranja.

b) Llevar a ebullición y agregar el colinabo, las zanahorias, las batatas y los rábanos. Cocine durante unos 15 minutos. Dejar de lado.

c) En otra cacerola calienta la leche de soja con el curry, el jengibre y la cúrcuma.

d) Cocine a fuego lento, espolvoree la tapioca y cocine a fuego lento durante 20 minutos o hasta que la tapioca se vuelva transparente.

e) Calentar el caldo con las verduras, retirar el romero y la salvia, y en el último momento añadir la mezcla de tapioca, la ralladura de naranja, la cebolla, las semillas de calabaza y el perejil.

21. Ensalada Picada Fermentada Con Rutabaga

INGREDIENTES:
- 1 rábano, finamente picado
- ½ cebolla pequeña, finamente picada
- 1 nabo, picado en trozos de ½ pulgada
- 1 zanahoria, picada en trozos de ½ pulgada
- 3 manzanas pequeñas, picadas en trozos de ½ pulgada
- Un puñado de judías verdes, picadas en trozos de 1 pulgada
- 1 colinabo, picado en trozos de ½ pulgada
- 1 a 2 hojas de parra, hojas de col rizada u otras verduras de hojas grandes (opcional)
- 3 cucharadas de sal marina fina sin refinar o 6 cucharadas de sal marina gruesa sin refinar
- 1 cuarto (o litro) de agua filtrada

INSTRUCCIONES:

a) En un tazón mediano, mezcle el rábano, la cebolla, el nabo, la zanahoria, las manzanas, las judías verdes y el colinabo; transferir a una vasija pequeña.

b) Coloque las hojas de parra u otras verduras de hojas verdes sobre los ingredientes de la ensalada picados para ayudar a mantenerlos bajo la salmuera y péselos con pesas aptas para alimentos o con un frasco o recipiente con agua.

c) En una jarra o taza medidora grande, disuelva la sal en el agua, revolviendo si es necesario para que la sal se disuelva. Vierta la salmuera sobre la ensalada, cubra con una tapa o un paño y déjela fermentar durante una semana.

d) Retire las pesas y retire y deseche las hojas de parra u otras verduras de hojas verdes. Distribuya en frascos o en un tazón, cubra y refrigere, donde la ensalada debería durar de seis meses a un año.

22. Sopa de pollo y tubérculos de otoño

INGREDIENTES:
- 1 paquete de base de sopa de crema, preparada
- 1 libra de pechuga de pollo, deshuesada y sin piel
- ¼ taza de jugo de limón
- 4 c/u. Dientes de ajo, machacados
- ¼ taza de aceite de oliva
- 8 oz. Trocitos de cebolla
- 8 oz. Camote, pelado y cortado en cubitos
- 4 onzas. Chirivía, pelada y cortada en cubitos
- 4 onzas. Zanahorias, peladas y cortadas en cubitos
- 4 onzas. Rutabaga, pelada y cortada en cubitos
- 4 onzas. Nabos, pelados y cortados en cubitos
- 2 c/u. Dientes de ajo, picados
- 3 tazas de base de pollo, preparada
- ¼ de taza de salvia, fresca, picada
- Según sea necesario Sal kosher y pimienta molida
- Según sea necesario Rúcula tierna, frita (opcional)

INSTRUCCIONES:

a) Prepare la base de sopa de crema según las instrucciones del paquete.

b) Combine las pechugas de pollo, el jugo de limón, el ajo y el aceite de oliva en una bolsa con cierre y deje marinar en refrigeración durante 1 hora.

c) Precalienta el horno de convección a 375°F. Coloque el pollo escurrido en una bandeja para hornear forrada con papel pergamino y sazone con sal y pimienta. Ase durante 12 minutos por lado o hasta que la temperatura interna alcance los 165°F. Enfriar y desmenuzar el pollo.

d) Derrita la mantequilla en una olla aparte. Agregue las cebollas, las batatas, las chirivías, las zanahorias, el colinabo y los nabos. Cocine hasta que las cebollas estén transparentes.

e) Agregue la base de pollo preparada a la mezcla de verduras, deje hervir, reduzca el fuego y cocine a fuego lento hasta que las verduras estén tiernas.

f) Agregue la base de sopa de crema preparada, el pollo desmenuzado y la salvia picada. Coloque a fuego medio y cocine hasta que la sopa alcance los 165°F. Espera para el servicio.

g) Sazone al gusto y decore con rúcula frita al gusto.

23.Sopa de pavo del festival de otoño

INGREDIENTES:
- 2,5 onzas Manteca
- 12,5 onzas. Cebollas, blancas, picadas
- 12,5 onzas. Chirivías, peladas y cortadas en cubitos
- 12,5 onzas. Nabos, pelados y cortados en cubitos
- 12,5 onzas. Rutabagas, peladas y cortadas en cubitos
- 12,5 onzas. Zanahorias, peladas y cortadas en cubitos
- 12,5 onzas. Batatas, peladas y cortadas en cubitos
- 2,5 cuartos. Base de Turquía
- 1 c/u. Base de sopa de crema, 25,22 oz. bolsa, preparada
- 40 onzas Pechuga de pavo, asada, cortada en cubitos
- ½ taza de salvia, fresca, picada
- Según sea necesario Sal kosher
- Según sea necesario Pimienta molida
- Queso cheddar, rallado, según sea necesario

INSTRUCCIONES:
a) En una olla grande a fuego medio, derrita la mantequilla. Saltee las cebollas, las chirivías, los nabos, los colinabos, las zanahorias y las batatas durante 10 minutos.

b) Agregue la base de pavo a la mezcla de verduras, deje hervir, reduzca el fuego y cocine a fuego lento hasta que las verduras estén tiernas, aproximadamente 20 minutos.

c) Agrega la base de sopa crema, el pavo y la salvia. Mezcle para combinar, cocine a fuego lento durante 30 minutos o hasta que esté completamente caliente. Pruebe y ajuste los condimentos.

d) Adorne con queso cheddar.

24. Sopa De Cordero Y Verduras De Raíz

INGREDIENTES:
- 1 libra de carne de cordero guisada, en cubitos
- 1 cebolla, picada
- 2 dientes de ajo, picados
- 2 tazas de caldo de pollo
- 1 taza de chirivías picadas
- 1 taza de colinabo cortado en cubitos
- 1 taza de zanahorias picadas
- 1 taza de papas cortadas en cubitos
- 1 cucharadita tomillo
- Sal y pimienta
- Aceite de oliva

INSTRUCCIONES:
a) En una olla grande o en una cacerola, caliente un poco de aceite de oliva a fuego medio-alto.
b) Agregue el cordero y cocine hasta que se dore por todos lados.
c) Retire el cordero con una espumadera y reserve.
d) Agrega la cebolla y el ajo a la olla y cocina hasta que se ablanden, aproximadamente 5 minutos.
e) Agregue el caldo de pollo, las chirivías, el colinabo, las zanahorias, las papas y el tomillo y deje hervir.
f) Reduzca el fuego y cocine a fuego lento durante 45-50 minutos, o hasta que las verduras estén tiernas.
g) Vuelva a colocar el cordero en la olla y cocine durante 5 a 10 minutos más, o hasta que esté completamente caliente.
h) Sazone con sal y pimienta al gusto y sirva caliente.

25. Sopa De Rabo De Toro Con Rutabaga

INGREDIENTES:
- 3 ½ libras de rabo de toro
- 3 hojas de laurel
- 1 tallos de apio, picados
- 2 tazas de judías verdes
- 1 colinabo, cortado en cubitos
- 14 onzas de tomates enlatados cortados en cubitos
- ¼ de taza de ghee
- 1 ramita de tomillo
- 1 ramita de romero
- 2 puerros, rebanados
- 2 ½ cuartos de agua
- 2 cucharadas. Jugo de limon
- ¼ cucharadita de clavo molido
- Sal y pimienta para probar

INSTRUCCIONES:
a) Derrita el ghee en su IP en SALTEAR.
b) Añade los rabos de toro y cocina hasta que se doren. Es posible que deba trabajar en lotes aquí.
c) Vierta el agua y agregue el tomillo, el romero, las hojas de laurel y los clavos.
d) Cocine a temperatura ALTA durante 1 hora.
e) Haga una liberación de presión natural.
f) Retire la carne del IP y desmenúcela sobre una tabla de cortar.
g) Agrega el colinabo y los puerros a la olla y cierra la tapa.
h) Cocine a temperatura ALTA durante 5 minutos.
i) Agregue las verduras restantes y cocine por 7 minutos más.
j) Agrega la carne y cierra nuevamente.
k) Cocine a temperatura ALTA durante 2 minutos.
l) Agrega el jugo de limón y sazona con sal y pimienta.
m) ¡Servir y disfrutar!

26. Empanadas De Patata Begedil

INGREDIENTES:
- Nabo sueco
- Coliflor
- 2 chalotes pequeños
- cucharada Carne molida
- 1 cucharada. hojas de apio picadas
- 1 cucharada. cebolla verde picada
- 1/2 cucharadita Pimienta Blanca (o Pimienta Negra)
- 1/4 cucharadita Sal
- 1 Huevo grande (se usa poco)
- 4 cucharadas Aceite de coco

INSTRUCCIONES:
a) Rebane 5 oz. Rutabaga en trozos pequeños y sofreír hasta que se dore con 1 cucharada. Aceite de coco.
b) Con un mortero, machacar el colinabo frito hasta que esté suave. Alternativamente, use un procesador de alimentos. Cuando esté listo, reserve.
c) Microondas 5 oz. Coliflor hasta que esté suave y machacar con un mortero (o usar un procesador de alimentos).
d) Cortar en rodajas finas 2 chalotes. Con un wok pequeño y poco profundo (para crear un aceite más profundo pero se usa poco) y 1 cucharada. Aceite de coco, freír hasta que estén dorados y crujientes pero no quemados. Dejar de lado.
e) Con el mismo aceite sofreír 4 cdas. Carne molida hasta que se dore. Sazone con Sal y Pimienta al gusto.
f) En un tazón, agregue el colinabo machacado y la coliflor, la chalota frita, la carne molida cocida y 1 cucharada. cada una de las hojas de apio y la cebolla verde, 1/2 cucharadita. Pimienta Blanca (o Pimienta Negra) y 1/4 de Sal. Mezclar bien.
g) Saque aproximadamente 1 cucharada. de la mezcla y darle forma de hamburguesa pequeña. Hice 10 hamburguesas en total.
h) Batir 1 huevo en otro tazón y cubrir cada hamburguesa pero no completamente (hacer cada una antes de freír).

i) Freír las hamburguesas en tandas con aceite de coco hasta que se doren. Yo usé 2 cucharadas. Aceite de coco en total para esto (dos lotes, 1 cucharada cada uno).

j) Servir con guiso o solos.

27.Cosecha De Verduras Y Quinua

INGREDIENTES:
- 1½ taza de quinua
- 4 tazas de agua
- ½ cucharadita de sal
- 1 nabo mediano; pelado y en cubos
- 4 zanahorias medianas
- 1 colinabo pequeño; pelado y en cubos
- 1 taza de calabaza pelada en cubos
- 1 cucharadita de aceite de oliva
- 1 cebolla amarilla pequeña; cortado en cubitos
- 1 diente de ajo grande; picado
- ¼ de taza de hojas de salvia frescas picadas
- Sal y pimienta blanca

INSTRUCCIONES:

a) En una cacerola mediana, combine la quinua enjuagada con agua y sal. Deje hervir, luego cocine a fuego lento, tapado, hasta que esté cocido (aproximadamente 10 minutos). Escurrir, enjuagar con agua fría y reservar.

b) Combine los nabos, las zanahorias, el colinabo y la calabaza en una olla grande con una vaporera de verduras. Cocine las verduras al vapor durante 7 a 10 minutos o hasta que estén tiernas.

c) En una sartén antiadherente grande, saltee la cebolla y el ajo en aceite hasta que se ablanden, aproximadamente 4 minutos. Agregue las hojas de salvia y cocine hasta que la salvia esté ligeramente dorada y fragante, de 1 a 2 minutos.

d) Agregue la quinua y las verduras a la sartén y revuelva bien para combinar. Agregue sal y pimienta al gusto, caliente si es necesario y sirva caliente.

28. Pot-Au-Feu clásico

INGREDIENTES:
- 2 cucharadas de aceite de oliva
- ½ cucharadita de pimienta negra
- 4 tallos de apio, en cubos
- 4 zanahorias, peladas y en cubos
- 4 patatas Yukon Gold, en cubos
- 4½ tazas de agua
- 1 cabeza de ajo, cortada por la mitad en forma transversal
- 1¾ cucharaditas de sal kosher
- 5 ramitas de tomillo fresco
- 2 libras de carne asada, deshuesada y recortada
- 3 hojas de laurel
- 2 puerros, cortados por la mitad a lo largo
- 1 colinabo, en cubos
- ¼ de taza de crema fresca
- 1½ libras de costillas de res con hueso, recortadas
- 2 cucharadas de cebollino fresco en rodajas finas
- pepinillos
- mostaza de Dijon
- Rábano picante preparado

INSTRUCCIONES:

a) Calienta una sartén antiadherente a fuego moderado. Cocine el asado en aceite en la sartén caliente, hasta que se dore por todos lados, durante 5 minutos.

b) Sazone bien con sal y pimienta.

c) Mueva el asado a una olla de cocción lenta de 6 cuartos.

d) Agregue las costillas a la grasa reservada en la sartén caliente y cocine, volteándolas para que se doren por todos lados, durante 6 minutos.

e) Transfiera las costillas a la olla de cocción lenta, reservando la grasa en la sartén. Agregue tomillo, hojas de laurel, ajo y agua a la grasa reservada en la sartén caliente, revolviendo para soltar los trozos dorados del fondo de la sartén; vierta en la olla de cocción lenta.

f) Cocine a fuego lento durante 5 horas.

g) Mezcle el colinabo, el puerro, el apio, las papas, las zanahorias y el colinabo. Cocine a fuego lento, aproximadamente 3 horas.

h) deseche el ajo, las ramitas de tomillo y las hojas de laurel.

i) Corte el asado en rodajas y sírvalo con costillas, mitades de puerro, apio, patatas, zanahorias y colinabo en una fuente para servir.

j) Rocíe con la cantidad deseada de líquido de cocción y sirva con la crema fresca, el cebollino, los pepinillos, la mostaza de Dijon, el rábano picante y el líquido de cocción restante.

29. Bocaditos de tocino y queso

INGREDIENTES:
- 1/2 libra de colinabo, rallado
- 4 rebanadas de tocino carnoso, picado
- 7 onzas de queso gruyere, rallado
- 3 huevos batidos
- 3 cucharadas de harina de almendras
- 1 cucharadita de ajo granulado
- 1 cucharadita de chalota en polvo
- Sal marina y pimienta negra molida, al gusto.

INSTRUCCIONES:
a) Agregue 1 taza de agua y un salvamanteles de metal a Instant Pot.
b) Mezcla todos los ingredientes anteriores hasta que todo esté bien incorporado.
c) Coloca la mezcla en una bandeja para vainas de silicona previamente engrasada con aceite en aerosol antiadherente. Cubre la bandeja con una hoja de papel de aluminio y bájala sobre el salvamanteles.
d) Asegure la tapa. Elija el modo "Manual" y Baja presión; cocine por 5 minutos. Una vez que se complete la cocción, use un dispositivo de liberación rápida de presión; Retire con cuidado la tapa. ¡Buen provecho!

NABOS

30. Cazuela De Nabos Y Cebolla

INGREDIENTES:
- 2½ libras nabos amarillos o colinabos (aproximadamente 8 tazas cortados en cubitos)
- ⅔ taza de lomo o guarnición de cerdo fresca, magra y grasa, finamente picada; o 3 cucharadas de mantequilla o aceite de cocina
- ⅔ taza de cebollas finamente picadas
- 1 cucharada de harina
- ¾ taza de caldo de res
- ¼ cucharadita de salvia
- Sal y pimienta
- 2 a 3 cucharadas de perejil fresco picado

INSTRUCCIONES:

a) Pele los nabos, córtelos en cuartos y luego en rodajas de ½ pulgada; corte las rodajas en tiras de ½ pulgada y las tiras en cubos de ½ pulgada. Colóquelos en agua hirviendo con sal y hierva sin tapar de 3 a 5 minutos, o hasta que estén ligeramente tiernos. Drenar.

b) Si usa carne de cerdo, saltee lentamente en una cacerola de 3 cuartos hasta que esté ligeramente dorada; de lo contrario, agrega la mantequilla o el aceite a la sartén. Agregue las cebollas, cubra y cocine lentamente durante 5 minutos sin que se dore. Incorpora la harina y cocina lentamente durante 2 minutos.

c) Retirar del fuego, agregar el caldo, volver al fuego y llevar a fuego lento. Agregue la salvia y luego agregue los nabos. Sazone al gusto con sal y pimienta.

d) Tape la sartén y cocine a fuego lento durante 20 a 30 minutos, o hasta que los nabos estén tiernos.

e) Si la salsa está demasiado líquida, destape y hierva lentamente durante varios minutos hasta que el líquido se reduzca y espese. Sazón correcto. (Se puede cocinar con anticipación. Dejar enfriar sin tapar; tapar y cocinar a fuego lento unos momentos antes de servir).

f) Para servir, agregue el perejil y conviértalo en una fuente caliente para servir.

31. Vino De Nabo Mago

INGREDIENTES:
- 6 libras nabos o colinabos
- 1 galón de agua
- 2½ libras azúcar o 3 libras. Miel
- ralladura y jugo de 3 naranjas
- Jugo y ralladura de 2 limones grandes o 3 cucharaditas. mezcla de ácido
- 1 cucharadita nutriente de levadura
- ¼ cucharadita tanino
- 1 tableta Campden, triturada (opcional)
- ½ cucharadita enzima péctica
- 1 paquete de levadura de champagne o jerez

INSTRUCCIONES:

a) Frote bien los nabos, cortándoles la punta y los extremos de las raíces. Pícalos o córtalos en rodajas en agua fría y luego caliéntalos. COCINA A fuego lento, sin que hierva, durante 45 minutos.

b) Retire la ralladura de los cítricos (sin la médula blanca) y exprima el jugo. Coloque la ralladura en una pequeña bolsa coladora de nailon en el fondo del fermentador primario.

c) Cuela los nabos (y los granos de pimienta, si los usaste) del agua. Puedes utilizar las chirivías como alimento si así lo deseas.

d) Retire aproximadamente un litro de agua para volver a agregarla más tarde si no tiene suficiente. Es difícil decir cuánto habrá perdido en vapor mientras cocina. Agrega el azúcar o la miel y cocina a fuego lento hasta que el azúcar se disuelva. Si usa miel, cocine a fuego lento durante 10 a 15 minutos, revolviendo y quitando la espuma.

e) Vierta el agua caliente en un fermentador primario desinfectado sobre la ralladura. Agrega los jugos de frutas. (Puedes reservar un poco de jugo de naranja y agua vegetal adicional para comenzar con la levadura más tarde, si lo deseas). Verifica si tienes un galón de mosto. Si no, completar con el agua reservada.

f) Agregue una mezcla de nutrientes de levadura, taninos y ácidos si no usó limones. Cubra y coloque una esclusa de aire. Deja enfriar el mosto y añade la pastilla Campden, si optas por utilizar una. Doce horas después de la tableta de Campden, agregue la enzima péctica.

Si no utilizas la tableta, simplemente espera hasta que el mosto se enfríe para agregar la enzima péctica. Veinticuatro horas después, comprobar la PA y añadir la levadura.

g) Revuelva diariamente. En aproximadamente dos semanas, consulte el megafonía. Saque la bolsa de ralladura y déjela escurrir nuevamente al recipiente. No aprietes. Deseche la ralladura. Deje que el vino se asiente y transfiéralo a un fermentador secundario.

h) Tápelo y ajuste con una esclusa de aire. Acumule según sea necesario en los próximos seis meses aproximadamente. Consulte la megafonía. Cuando fermente, embotellelo. Prefiero este vino seco. Puede endulzar el vino si lo desea antes de embotellarlo agregando estabilizador y de 2 a 4 onzas de jarabe de azúcar por galón.

32.Nabos estofados de Acción de Gracias

INGREDIENTES:
- ½ libra de nabos , pelados y cortados en gajos
- 2 cucharadas de pasta de tomate
- 2 cucharadas de mantequilla vegana
- 1 cebolla, pelada y cortada en cubitos
- 1 cucharadita de tomillo seco
- 1 zanahoria, pelada y cortada en cubitos
- 1 hoja de laurel
- 2 tallos de apio, cortados en cubitos
- Sal y pimienta
- 1½ tazas de caldo o agua
- 2 cucharadas de mantequilla vegana, ablandada
- 1 Cucharadas de harina

INSTRUCCIONES:
a) En una sartén, derrita la mantequilla vegana. Agrega la cebolla, el apio y la zanahoria.
b) Cocine por aproximadamente 5 minutos. Agregue el caldo, la pasta de tomate, el tomillo y la hoja de laurel a la mezcla de nabos, cebolla, zanahoria y apio.
c) Cocine durante 30 a 40 minutos, tapado, en un horno a 350°F.
d) Mientras se cuecen los nabos, haz una pasta con mantequilla vegana y harina.
e) Transfiera los nabos a una fuente para servir y manténgalos calientes en la sartén.
f) En una cacerola, cuele el líquido de estofado. Agrega trozos de la mezcla vegana de mantequilla y harina a la salsa y bate hasta que espese.
g) Sazone con sal y pimienta y luego vierta la salsa sobre los nabos.

33. Sopa taiwanesa de pastel de nabo

INGREDIENTES:
PARA LA TORTA DE NABO:
- 2 tazas de harina de arroz
- 2 tazas de agua
- 2 tazas de nabo rallado (rábano daikon)
- ¼ de taza de camarones secos, remojados y picados
- ¼ de taza de champiñones secos, remojados y cortados en cubitos
- 2 cucharadas de chalotes, picados
- 2 cucharadas de aceite vegetal
- 2 cucharadas de salsa de soja
- 1 cucharadita de sal
- ½ cucharadita de pimienta blanca

PARA LA SOPA:
- 4 tazas de caldo de pollo
- 2 tazas de agua
- 2 cebollas verdes, picadas
- Sal y pimienta para probar

INSTRUCCIONES:
PARA LA TORTA DE NABO:
a) En un tazón, combine la harina de arroz y el agua. Revuelve bien hasta que la mezcla esté suave y sin grumos.
b) Calienta el aceite vegetal en una sartén grande o en un wok a fuego medio.
c) Agrega las chalotas picadas, los camarones secos y los champiñones secos a la sartén. Sofríe durante unos 2 minutos hasta que esté fragante.
d) Agrega el nabo rallado a la sartén y sofríe durante otros 2-3 minutos hasta que el nabo se ablande un poco.
e) Vierte la mezcla de harina de arroz en la sartén y revuelve continuamente para evitar que se formen grumos.
f) Agrega la salsa de soja, la sal y la pimienta blanca a la sartén. Revuelva bien para combinar todos los ingredientes.
g) Cocina la mezcla a fuego medio, revolviendo constantemente, hasta que espese y forme una consistencia pegajosa.

h) Engrasa un molde para pastel cuadrado o redondo y vierte en él la mezcla del pastel de nabo. Alise la superficie.

i) Cocine el pastel de nabo al vapor a fuego alto durante unos 45-50 minutos hasta que esté firme y bien cocido.

j) Retiramos el bizcocho de nabo de la vaporera y dejamos enfriar por completo.

k) Una vez enfriado, retira el pastel de nabo del molde y córtalo en los trozos deseados.

PARA LA SOPA:

l) En una olla grande, combine el caldo de pollo, el agua y las cebollas verdes picadas. Lleva la mezcla a ebullición.

m) Agregue el pastel de nabo en rodajas a la olla y déjelo hervir a fuego lento durante unos 5 minutos para que se caliente.

n) Sazone la sopa con sal y pimienta al gusto.

o) Sirva caliente la sopa taiwanesa de pastel de nabo como un plato reconfortante y sabroso.

34. Lechugas mixtas con buñuelos de nabo

INGREDIENTES:
- ¼ taza de mantequilla
- 1 taza de cebolla picada
- 1 taza de cebollas verdes picadas
- 2 tallos de apio, picados
- 2 cucharadas de raíz de jengibre finamente picada
- 2 dientes de ajo, finamente picados
- 1 libra de nabos pequeños con puntas verdes
- 10 tazas de agua
- 2 cubitos de caldo de pollo extra grandes
- ½ taza de vino blanco seco o agua
- ¼ taza de maicena
- 6 tazas de hojas de espinacas frescas enteras empacadas
- 1¼ cucharadita de pimienta negra molida
- ½ cucharadita de sal
- ¼ de taza de harina para todo uso sin tamizar
- 1 huevo grande, ligeramente batido
- Aceite vegetal para freír

INSTRUCCIONES:

a) Prepara las verduras.

b) Rallar en trozos grandes los nabos enfriados.

c) Combine los nabos rallados, la harina, el huevo y el ¼ de cucharadita restante de pimienta y sal.

d) Agregue cucharaditas colmadas de la mezcla de buñuelos a la sartén y fría, volteando, hasta que se doren por ambos lados.

35. Caquis y Daikon Temaki

INGREDIENTES :
- 1 taza de arroz para sushi crudo
- 3 cucharadas de condimento para sushi
- 10 hojas de sushi nori tostado, cortado a la mitad
- 1 pepino inglés
- 1 pimiento rojo
- 6 onzas de daikon en conserva, cortado en palitos
- 2 caquis Fuyu, pelados y cortados en palitos
- 2 aguacates, sin hueso y en rodajas
- furikake para cubrir

INSTRUCCIONES
a) Cocine el arroz para sushi según las instrucciones del paquete.
b) Cuando termine de cocinarse, déjelo enfriar durante unos 15 minutos.
c) Agrega el condimento para sushi.
d) Coloque la mitad de la hoja de nori sobre una tabla, con el lado brillante hacia abajo.
e) Vierta un poco de arroz sobre el nori.
f) Extienda el arroz de modo que llene la mitad del nori.
g) Cubra el nori con unas rodajas de pepino, pimiento rojo, daikon y caqui.
h) Cubra con una rodaja de aguacate y agite un poco de furikake encima.
i) Comenzando por la parte inferior derecha, rueda el nori hacia la izquierda hasta llegar al final.
j) Sellar el rollito de mano con unos granos de arroz. Repita con todas las demás hojas de nori.

36. Rollos de Daikon de brotes de guisantes

INGREDIENTES:
- 1 pepino, finamente picado
- Jugo de 1 limón
- 1 cucharada de hojas de menta picadas
- 1 cucharada de tamari
- 1 cucharada de brotes de rábano
- 12 hojas de shiso
- 2 cucharadas de jugo de yuzu
- 1 cucharada de vinagre de arroz
- 1 cucharada de galanga rallada
- 1 rábano daikon, finamente cortado en 12 tiras largas
- 1 cucharada de brotes de guisantes, picados
- 1 aguacate maduro, finamente picado
- Semillas de sésamo negro, para decorar

INSTRUCCIONES:
a) Coloca las hojas de daikon sobre una superficie de trabajo.
b) Cada hoja de daikon debe tener 1 hoja de shiso.
c) Combine el tamari, el vinagre de arroz, la galanga y el jugo de limón en un bol; Hazlo a un lado.
d) Combine los brotes de tirabeques, el aguacate, el pepino y la menta en un tazón.
e) Agrega el aderezo de limón y revuelve.
f) Distribuir la mezcla en partes iguales entre las hojas de daikon, colocando una porción en cada extremo.
g) Enróllelo bien, con el rollo de espaldas a usted.
h) Transfiera los panecillos a una fuente para servir, cubra con los brotes y un chorrito de jugo de yuzu.

RÁBANO

37. Pollo Yuzu Asado Con Ensalada Japonesa

INGREDIENTES:
- 2 dientes de ajo machacados
- 2 cucharaditas de jengibre rallado
- 25 g de mantequilla sin sal, derretida
- ¼ de taza de jugo de yuzu o jugo de lima
- 2 cucharadas de salsa de soja ligera
- 4 pollo Maryland's
- ½ cucharadita de aceite de sésamo
- 1 cucharada de aceite de maní
- ½ cucharadita de azúcar en polvo
- Semillas de sésamo negro, para servir.
- Gajos de limón, para servir

ENSALADA JAPONESA
- 1 aguacate, en rodajas finas
- 100 g de guisantes dulces, cortados a lo largo
- 3 rábanos, recortados y en rodajas finas
- 1 zanahoria grande, cortada en palitos finos
- ½ manojo de cebollino, cortado en trozos de 4 cm
- 150 g de hojas de rúcula silvestre

INSTRUCCIONES:
a) Combine el ajo, el jengibre, la mantequilla, 2 cucharadas de yuzu y 1 cucharada de salsa de soja en un tazón.

b) Agregue el pollo y dé vuelta para cubrir. Cubra y refrigere durante 20 minutos para marinar.

c) Precalienta el horno a 180°C. Escurrir el pollo, reservar la marinada y secar.

d) Colóquelos en una bandeja para hornear forrada con papel para hornear y ase, rociando con la marinada reservada cada 15 minutos, durante 1 hora o hasta que estén dorados y bien cocidos.

e) Mientras tanto, combine los ingredientes de la ensalada en un tazón. En un recipiente aparte, bata el aceite de sésamo, el aceite de maní, el azúcar y las 2 cucharadas restantes de yuzu y 1 cucharada de soja. Mezcle con ensalada de repollo para combinar.

f) Sirva el pollo y la ensalada de repollo espolvoreados con semillas de sésamo y con limón para exprimir.

38. Pescado al vapor

INGREDIENTES:
- 3½ tazas de dashi o agua
- 2 tazas de arroz negro, cocido
- 1 taza de vino blanco seco
- 1 trozo de kombu de 3 x 3 pulgadas
- 1 cucharadita de cúrcuma en polvo
- 2 hojas de laurel
- 2 cucharadas de algas secas
- sal kosher
- 2 filetes de lubina negra o pargo rojo, al vapor
- 5 onzas de hongos shiitake, cortados por la mitad
- 2 tazas de brotes de guisantes
- 2 rábanos rojos, rallados
- 2 cucharadas de hojas de menta picadas

INSTRUCCIONES:
a) Combine caldo, arroz, vino, kombu, sal, cúrcuma en polvo, hojas de laurel y algas en una Crockpot.
b) Cocine a fuego lento durante 1 hora.
c) Coloque el pescado sobre el arroz y luego cubra con los champiñones.
d) Agregue menta, rábanos y brotes de guisantes como guarnición.

39. Risotto japonés con champiñones

INGREDIENTES:
- 4½ tazas Caldo de verduras; o caldo con infusión de miso, salado
- 1 cucharada Aceite de oliva virgen extra
- ½ taza arroz de sushi con rosas
- ½ taza Beneficio
- Sal kosher
- Pimienta negra recién molida
- ½ taza Hongos Enoki
- ½ taza cebolletas picadas
- ¼ de taza Brotes de rábano

INSTRUCCIONES:
a) Si usa caldo con infusión de miso, combine 1 cucharada de miso con 4½ tazas de agua y déjelo hervir. Reduzca el fuego y cocine a fuego lento.
b) En una cacerola, calienta el aceite de oliva a fuego medio-alto. Agrega el arroz, revolviendo constantemente en una dirección, hasta que esté bien cubierto. Retire la sartén del fuego y agregue el sake.
c) Regrese al fuego y revuelva constantemente en una dirección hasta que se absorba todo el líquido. Agregue el caldo en incrementos de ½ taza, revolviendo constantemente hasta que se absorba todo el líquido con cada adición.
d) Condimentar con sal y pimienta. Vierta en tazones para servir, decore con los champiñones, las cebolletas y los brotes y sirva.
e) Adorne con delicados champiñones enoki, cebolletas picadas y brotes de rábano picantes.

40.Pollo Asado Con Pesto De Pistacho

INGREDIENTES:
- 25 g de pistachos sin cáscara
- 1 manojo grande de albahaca fresca, hojas y tallos picados en trozos grandes
- 4 ramitas de menta fresca, hojas picadas en trozos grandes
- Ralladura y jugo de ½ limón, más ½ limón
- 125 ml de aceite de oliva virgen extra
- 2 kg de pollo entero de corral
- 125 ml de vino blanco seco
- 200 g de pan de masa madre, partido en trozos
- 200 g de rábanos mixtos, cortados por la mitad o en cuartos si son grandes
- 250 g de espárragos
- Un puñado grande de brotes de guisantes

INSTRUCCIONES:

a) Calienta el horno a 200°C/180°C ventilador/gas 6. Batir los pistachos, la albahaca, la menta y la ralladura y el jugo de limón en una mini picadora o procesador de alimentos pequeño hasta obtener una pasta rugosa. Rocíe 100 ml de aceite, luego sazone y mezcle para combinar. Coloque la mitad del pesto en una fuente pequeña y reserve.

b) Coloque el pollo en una fuente para asar grande y poco profunda. Trabajando desde la cavidad del cuello, use los dedos para hacer un bolsillo entre la piel y la carne.

c) de los senos. Empuje el pesto debajo de la piel del pollo y frote el exceso sobre la piel. Exprime el ½ limón restante sobre el pollo y luego colócalo en la cavidad. Ase durante 20 minutos, luego baje el horno a 190°C/170°C ventilador/gas 5.

d) Añade el vino y 125 ml de agua a la lata y hornea durante 40-50 minutos más hasta que el pollo esté bien cocido.

e) Coloque el pollo en una tabla, cúbralo sin apretar con papel de aluminio y déjelo reposar. Vierta el jugo de asado del molde en una jarra. Agregue el pan, los rábanos y los espárragos a la fuente para asar, retire un poco de la grasa de la parte superior de los jugos y mezcle con el pan y las verduras.

f) Sazone y luego ase durante 12 a 15 minutos hasta que las verduras estén tiernas y el pan crujiente. Deseche la grasa de los jugos restantes y caliéntelos en una sartén para hacer salsa.

g) Mezcle el pesto restante y 25 ml de aceite de oliva y rocíe sobre el pollo y las verduras. Sirva con brotes de guisantes y salsa a un lado.

41. Pizza fresca de jardín

INGREDIENTES:
- Dos panecillos refrigerados
- Dos paquetes de queso crema de anacardos, ablandado
- ⅓ taza de mayonesa
- Paquete de 1,4 onzas de mezcla de sopa de verduras secas
- 1 taza de rábanos, rebanados
- ⅓ taza de pimiento verde picado
- ⅓ taza de pimiento rojo picado
- ⅓ taza de pimiento amarillo picado
- 1 taza de floretes de brócoli
- 1 taza de floretes de coliflor
- ½ taza de zanahoria picada
- ½ taza de apio picado

INSTRUCCIONES:

a) Configure su horno a 400 grados F antes de hacer cualquier otra cosa.

b) En el fondo de un molde para panecillos de gelatina de 11x14 pulgadas, extienda la masa para panecillos en forma de media luna.

c) Con los dedos, junte las costuras para formar una costra.

d) Cocine todo en el horno durante unos 10 minutos.

e) Retira todo del horno y déjalo a un lado para que se enfríe por completo.

f) En un bol, mezcle la mayonesa, el queso crema de anacardos y la mezcla para sopa de verduras.

g) Coloque la mezcla de mayonesa sobre la base de manera uniforme,

h) Cubra todo con las verduras de manera uniforme y presiónelas suavemente en la mezcla de mayonesa.

i) Con film transparente, cubre la pizza y refrigérala durante la noche.

42. Sopa cremosa de rábano

INGREDIENTES:
- 1 manojo de rábanos, recortados y rebanados
- 1 cebolla, picada
- 2 dientes de ajo, picados
- 4 tazas de caldo de verduras
- 1 taza de crema espesa
- Sal y pimienta para probar
- Cebollino fresco para decorar

INSTRUCCIONES:
a)   En una olla grande, saltee los rábanos, la cebolla y el ajo hasta que se ablanden.
b)   Agrega el caldo de verduras y deja hervir. Cocine a fuego lento durante 10 minutos.
c)   Con una licuadora de inmersión o una licuadora normal, haga puré la sopa hasta que quede suave.
d)   Agregue la crema espesa y sazone con sal y pimienta.
e)   Sirva caliente, adornado con cebollino fresco.

43. Sopa picante de rábano y zanahoria

INGREDIENTES:
- 1 manojo de rábanos, recortados y rebanados
- 2 zanahorias, peladas y cortadas en rodajas
- 1 cebolla, picada
- 2 dientes de ajo, picados
- 4 tazas de caldo de verduras
- 1 cucharadita de comino
- ½ cucharadita de pimentón
- ¼ cucharadita de pimienta de cayena
- Sal y pimienta para probar
- Cilantro fresco para decorar

INSTRUCCIONES:

a) En una olla grande, saltee los rábanos, las zanahorias, la cebolla y el ajo hasta que se ablanden.

b) Agrega el caldo de verduras, el comino, el pimentón y la pimienta de cayena. Llevar a ebullición y cocinar a fuego lento durante 15 minutos.

c) Con una licuadora de inmersión o una licuadora normal, haga puré la sopa hasta que quede suave.

d) Condimentar con sal y pimienta.

e) Sirva caliente, adornado con cilantro fresco.

44. Sopa De Rábano Y Patata

INGREDIENTES:
- 1 manojo de rábanos, recortados y rebanados
- 2 patatas, peladas y cortadas en cubitos
- 1 cebolla, picada
- 2 dientes de ajo, picados
- 4 tazas de caldo de verduras
- ½ taza de leche o crema
- Sal y pimienta para probar
- Perejil fresco para decorar

INSTRUCCIONES:

a) En una olla grande, saltee los rábanos, las patatas, la cebolla y el ajo hasta que se ablanden.

b) Agrega el caldo de verduras y deja hervir. Cocine a fuego lento durante 20 minutos hasta que las verduras estén tiernas.

c) Con una licuadora de inmersión o una licuadora normal, haga puré la sopa hasta que quede suave.

d) Agrega la leche o la nata y sazona con sal y pimienta.

e) Sirva caliente, adornado con perejil fresco.

45. Sopa de rábanos y hojas verdes

INGREDIENTES:
- Hojas verdes de 1 manojo de rábanos, lavadas y picadas
- 1 cebolla, picada
- 2 dientes de ajo, picados
- 4 tazas de caldo de verduras
- 1 cucharada de aceite de oliva
- Jugo de 1 limón
- Sal y pimienta para probar
- yogur griego para decorar

INSTRUCCIONES:

a) En una olla grande, sofreír la cebolla y el ajo en aceite de oliva hasta que se ablanden.

b) Agregue las hojas de rábano y saltee durante unos minutos hasta que se ablanden.

c) Agrega el caldo de verduras y deja hervir. Cocine a fuego lento durante 10 minutos.

d) Con una licuadora de inmersión o una licuadora normal, haga puré la sopa hasta que quede suave.

e) Agregue el jugo de limón y sazone con sal y pimienta.

f) Sirva caliente, adornado con una cucharada de yogur griego.

46. Sopa fría de rábano

INGREDIENTES:
- 1 manojo de rábanos, recortados y rebanados
- 1 pepino, pelado y picado
- 1 manzana verde, pelada y picada
- 2 cucharadas de hojas de menta fresca
- 2 tazas de caldo de verduras
- Zumo de 1 lima
- Sal y pimienta para probar

INSTRUCCIONES:
a) En una licuadora, combine los rábanos, el pepino, la manzana verde, las hojas de menta, el caldo de verduras, el jugo de lima, la sal y la pimienta.
b) Mezclar hasta que esté suave.
c) Refrigere durante al menos 1 hora para que se enfríe.
d) Sirva frío, adornado con hojas de menta fresca.

47. Sopa De Rábano Y Remolacha

INGREDIENTES:
- 1 manojo de rábanos, recortados y rebanados
- 2 remolachas, peladas y picadas
- 1 cebolla, picada
- 2 dientes de ajo, picados
- 4 tazas de caldo de verduras
- ¼ de taza de yogur griego natural
- Jugo de 1 limón
- Sal y pimienta para probar

INSTRUCCIONES:

a) En una olla grande, saltee los rábanos, la remolacha, la cebolla y el ajo hasta que se ablanden.

b) Agrega el caldo de verduras y deja hervir. Cocine a fuego lento durante 20 minutos hasta que las verduras estén tiernas.

c) Con una licuadora de inmersión o una licuadora normal, haga puré la sopa hasta que quede suave.

d) Agrega el yogur griego y el jugo de limón. Condimentar con sal y pimienta.

e) Sirva caliente, adornado con un chorrito de yogur griego y una pizca de rábanos picados.

48. Sopa De Rábano Y Tomate

INGREDIENTES:
- 1 manojo de rábanos, recortados y rebanados
- 4 tomates, picados
- 1 cebolla, picada
- 2 dientes de ajo, picados
- 4 tazas de caldo de verduras
- 2 cucharadas de pasta de tomate
- 1 cucharada de aceite de oliva
- Sal y pimienta para probar
- Albahaca fresca para decorar

INSTRUCCIONES:
a) En una olla grande, saltee los rábanos, los tomates, la cebolla y el ajo en aceite de oliva hasta que se ablanden.
b) Agrega el caldo de verduras y deja hervir. Cocine a fuego lento durante 20 minutos hasta que las verduras estén tiernas.
c) Con una licuadora de inmersión o una licuadora normal, haga puré la sopa hasta que quede suave.
d) Agregue la pasta de tomate y sazone con sal y pimienta.
e) Sirva caliente, adornado con hojas de albahaca fresca.

49. Sopa De Curry De Rábano Y Coco

INGREDIENTES:
- 1 manojo de rábanos, recortados y rebanados
- 1 cebolla, picada
- 2 dientes de ajo, picados
- 1 cucharada de curry en polvo
- 1 lata de leche de coco
- 4 tazas de caldo de verduras
- 1 cucharada de aceite de oliva
- Sal y pimienta para probar
- Cilantro fresco para decorar

INSTRUCCIONES:

a) En una olla grande, saltee los rábanos, la cebolla y el ajo en aceite de oliva hasta que se ablanden.

b) Agrega el curry en polvo y revuelve por un minuto.

c) Agrega la leche de coco y el caldo de verduras. Llevar a ebullición. Cocine a fuego lento durante 15 minutos.

d) Con una licuadora de inmersión o una licuadora normal, haga puré la sopa hasta que quede suave.

e) Condimentar con sal y pimienta.

f) Sirva caliente, adornado con cilantro fresco.

50. Sopa De Rábanos Y Espinacas

INGREDIENTES:
- 1 manojo de rábanos, recortados y rebanados
- 2 tazas de hojas de espinacas frescas
- 1 cebolla, picada
- 2 dientes de ajo, picados
- 4 tazas de caldo de verduras
- 1 cucharada de mantequilla
- ½ taza de leche o crema
- Sal y pimienta para probar

INSTRUCCIONES:

a) En una olla grande, saltee los rábanos, las espinacas, la cebolla y el ajo en mantequilla hasta que se ablanden.

b) Agrega el caldo de verduras y deja hervir. Cocine a fuego lento durante 15 minutos.

c) Con una licuadora de inmersión o una licuadora normal, haga puré la sopa hasta que quede suave.

d) Agrega la leche o la nata y sazona con sal y pimienta.

e) Sirva caliente, adornado con una pizca de rodajas de rábano fresco.

51. Sopa De Rábanos Y Champiñones

INGREDIENTES:
- 1 manojo de rábanos, recortados y rebanados
- 8 onzas de champiñones, rebanados
- 1 cebolla, picada
- 2 dientes de ajo, picados
- 4 tazas de caldo de verduras
- 2 cucharadas de aceite de oliva
- ¼ de taza de yogur griego natural
- Sal y pimienta para probar
- Tomillo fresco para decorar

INSTRUCCIONES:

a) En una olla grande, saltee los rábanos, los champiñones, la cebolla y el ajo en aceite de oliva hasta que se ablanden.

b) Agrega el caldo de verduras y deja hervir. Cocine a fuego lento durante 20 minutos hasta que las verduras estén tiernas.

c) Con una licuadora de inmersión o una licuadora normal, haga puré la sopa hasta que quede suave.

d) Agrega el yogur griego y sazona con sal y pimienta.

e) Sirva caliente, adornado con hojas frescas de tomillo.

52. Ensalada De Camote Asado Y Prosciutto

INGREDIENTES:
- Miel 1 cucharadita
- Jugo de limón 1 cucharada
- Cebollas verdes (divididas y en rodajas) 2
- Pimiento rojo dulce (finamente picado) ¼ taza
- Nueces (picadas y tostadas) ⅓ taza
- Rábanos (en rodajas) ½ taza
- Prosciutto (en rodajas finas y en juliana) ½ taza
- Pimienta ⅛ cucharadita
- ½ cucharadita de sal (dividida)
- 4 cucharadas de aceite de oliva (dividido)
- 3 batatas, medianas (peladas y cortadas en cubos de 1 pulgada)

INSTRUCCIONES:
a) Precalienta el horno a 400 grados F.
b) Coloque las batatas en un molde para hornear engrasado (15x10x1 pulgadas).
c) Rocíe 2 cucharadas de aceite y espolvoree ¼ de cucharadita de sal y pimienta y revuélvalos adecuadamente.
d) Asar durante media hora, y aún así periódicamente.
e) Espolvoree un poco de prosciutto sobre las batatas y áselo durante 10 a 15 minutos hasta que las batatas estén tiernas y el prosciutto esté crujiente.
f) Transfiera la mezcla a un tazón grande y déjela enfriar un poco.
g) Agregue la mitad de las cebollas verdes, el pimiento rojo, las nueces y los rábanos. Tome un tazón pequeño y bata la sal, el aceite restante, la miel y el jugo de limón hasta que estén bien mezclados.
h) Rocíelo sobre la ensalada; mezcle correctamente para combinar. Espolvorea con las cebollas verdes restantes.

53. Ensalada De Microgreens De Sandía Y Rábano

INGREDIENTES:
- 1 cucharada de vinagre balsámico
- Sal al gusto
- Un puñado de microvegetales de rábano
- 2 cucharadas de aceite de oliva, virgen extra
- 1 rodaja de sandía
- 2 Cucharadas de almendras picadas
- 20 g de queso feta , desmenuzado

INSTRUCCIONES:
a) Coloca tu sandía en un plato.
b) Unte el queso feta y las almendras encima de la sandía.
c) Rocíe con aceite de oliva virgen extra y vinagre balsámico.
d) Agrega los microgreens encima.

54. de microvegetales y guisantes

INGREDIENTES:
VINAGRETA
- 1 cucharadita de jarabe de arce
- 2 cucharaditas de jugo de lima
- 2 cucharadas de vinagre balsámico blanco
- 1 ½ tazas de fresas picadas
- 3 cucharadas de aceite de oliva

ENSALADA
- 2 rábanos, en rodajas finas
- 6 onzas de microvegetales de repollo
- 12 guisantes, en rodajas finas
- Fresas partidas por la mitad, flores comestibles y ramitas de hierbas frescas para decorar

INSTRUCCIONES:

a) Para hacer la vinagreta, mezcle las fresas, el vinagre y el jarabe de arce en un recipiente para mezclar. Cuela el líquido y añade el zumo de lima y el aceite.

b) Condimentar con sal y pimienta.

c) Para hacer la ensalada, combine las microverduras, los guisantes, los rábanos, las fresas guardadas y ¼ de taza de vinagreta en un tazón grande para mezclar.

d) Agregue fresas cortadas por la mitad, flores comestibles y ramitas de hierbas frescas como decoración.

55.Ensalada de primavera microverde

INGREDIENTES:
- 2 cucharadas de sal
- 1 puñado de microvegetales de brotes de guisantes
- ½ taza de habas, blanqueadas
- 4 zanahorias, cortadas en cubitos pequeños, blanqueadas
- 1 puñado de microvegetales Pak Choi
- 1 puñado de microvegetales de mostaza wasabi
- 1 pizca de microgreens de amaranto
- 4 rábanos, cortados en monedas finas
- 1 taza de guisantes, blanqueados
- Sal y pimienta al gusto

ADEREZO DE ZANAHORIA Y JENGIBRE
- ¼ taza de vinagre de vino de arroz
- ½ taza de agua
- Jengibre de 1 pulgada, pelado y rebanado
- 1 cucharada de salsa de soja
- 1 cucharada de mayonesa
- Sal kosher y pimienta negra al gusto

INSTRUCCIONES:
a) Combine las microverduras, los rábanos, las zanahorias, los guisantes y las habas, y sazone con sal y pimienta.
b) Licue el jengibre, ½ taza de zanahorias reservadas, el vinagre de vino de arroz y el agua hasta que quede suave.
c) Retirar de la licuadora y agregar la salsa de soja y la mayonesa.
d) Mezcle la ensalada con el aderezo y sirva.

REMOLACHA

56. Hash De Remolacha Con Huevos

INGREDIENTES:
- 1 libra de remolacha, pelada y cortada en cubitos
- ½ libra de papas Yukon Gold, lavadas y cortadas en cubitos
- Sal gruesa y pimienta negra recién molida
- 2 cucharadas de aceite de oliva virgen extra
- 1 cebolla pequeña, picada
- 2 cucharadas de perejil fresco picado
- 4 huevos grandes

INSTRUCCIONES:

a) En una sartén alta, cubra las remolachas y las patatas con agua y déjelas hervir. Sazone con sal y cocine hasta que estén tiernos, aproximadamente 7 minutos. Escurrir y limpiar la sartén.

b) Calienta el aceite en una sartén a fuego medio-alto. Agregue las remolachas y las papas hervidas y cocine hasta que las papas comiencen a dorarse, aproximadamente 4 minutos. Reduzca el fuego a medio, agregue la cebolla y cocine, revolviendo, hasta que esté tierna, aproximadamente 4 minutos. Ajuste la sazón y agregue el perejil.

c) Haz cuatro pocillos anchos en el hachís. Rompe un huevo en cada uno y sazona el huevo con sal. Cocine hasta que las claras cuajen pero las yemas aún estén líquidas, de 5 a 6 minutos.

57. Pizza de desayuno con masa de remolacha

INGREDIENTES:
PARA LA CORTE DE PIZZA:
- 1 taza de remolacha hervida y en puré
- ¾ taza de harina de almendras
- ⅓ taza de harina de arroz integral
- ½ cucharadita de sal
- 2 cucharaditas de polvo de hornear
- 1 cucharada de aceite de coco
- 2 cucharaditas de romero picado
- 1 huevo

ADORNOS:
- 3 huevos
- 2 rebanadas de tocino cocido desmenuzado
- palta
- queso

INSTRUCCIONES :
a) Precalienta el horno a 375 grados.
b) Mezclar todos los ingredientes para la masa de pizza.
c) Hornear por 5 minutos
d) Sacar y hacer 3 "pocillos" pequeños con el dorso de una cuchara o molde para helado.
e) Deja caer los 3 huevos en estos "pocillos".
f) Hornear 20 minutos
g) Cubra con queso y tocino y hornee por 5 minutos más.
h) Agrega más romero, queso y aguacate.

58. Papas fritas de remolacha

INGREDIENTES:
- 4 remolachas medianas, enjuagadas y cortadas en rodajas finas
- 1 cucharadita de sal marina
- 2 cucharadas de aceite de oliva
- Hummus, para servir

INSTRUCCIONES:
a) Precalienta la freidora a 380 °F.
b) En un tazón grande, mezcle las remolachas con sal marina y aceite de oliva hasta que estén bien cubiertas.
c) Coloque las rodajas de remolacha en la freidora y extiéndalas en una sola capa.
d) Freír durante 10 minutos. Revuelva y luego fría durante 10 minutos más. Revuelva nuevamente, luego fría durante los últimos 5 a 10 minutos, o hasta que las patatas alcancen el punto crujiente deseado.
e) Sirva con un hummus favorito.

59. Remolacha con eneldo y ajo

INGREDIENTES:
- 4 remolachas, limpias, peladas y cortadas en rodajas
- 1 diente de ajo, picado
- 2 cucharadas de eneldo fresco picado
- ¼ cucharadita de sal
- ¼ cucharadita de pimienta negra
- 3 cucharadas de aceite de oliva

INSTRUCCIONES:

a) Precalienta la freidora a 380 °F.

b) En un bol grande, mezcla todos los ingredientes para que las remolachas queden bien cubiertas con el aceite.

c) Vierta la mezcla de remolacha en la canasta de la freidora y ase durante 15 minutos antes de revolver, luego continúe asando durante 15 minutos más.

60. Ensalada De Aperitivo De Remolacha

INGREDIENTES:
- 2 libras de remolacha
- Sal
- ½ cada uno Cebolla española, picada
- 4 tomates, pelados, sin semillas y cortados en cubitos
- 2 cucharadas de vinagre
- 8 cucharadas de aceite de oliva
- Aceitunas negras
- 2 cada uno Dientes de ajo, picados
- 4 cucharadas perejil italiano, picado
- 4 cucharadas cilantro, picado
- 4 medianos Patatas, hervidas
- Sal y pimienta
- Pimiento rojo picante

INSTRUCCIONES:

a) Corta los extremos de las remolachas. Lavar bien y cocinar en agua hirviendo con sal hasta que estén tiernos. Escurrir y quitar la piel con agua fría. Dado.

b) Mezclar los ingredientes del aderezo.

c) Combine las remolachas en una ensaladera con la cebolla, el tomate, el ajo, el cilantro y el perejil. Vierta sobre la mitad del aderezo, revuelva suavemente y enfríe durante 30 minutos. Corta las patatas en rodajas, colócalas en un recipiente poco profundo y mézclalas con el resto del aderezo. Enfriar.

d) Cuando esté listo para armar, coloque las remolachas, el tomate y la cebolla en el centro de un tazón poco profundo y coloque las papas formando un anillo alrededor de ellos. Adorne con aceitunas.

61. Barcos de remolacha

INGREDIENTES:
- 8 pequeños remolacha
- 10 onzas de carne de cangrejo, enlatada o fresca
- 2 cucharaditas Perejil fresco picado
- 1 cucharadita Jugo de limon

INSTRUCCIONES:
a) Cocine las remolachas al vapor durante 20 a 40 minutos o hasta que estén tiernas. Enjuagar con agua fría, pelar y dejar enfriar. Mientras tanto, mezcle la carne de cangrejo, el perejil y el jugo de limón.

b) Cuando las remolachas estén frías, córtelas por la mitad y saque el centro con una cuchara para melón o una cucharadita, formando un hueco. Rellenar con la mezcla de cangrejo.

c) Sirva como aperitivo o para el almuerzo junto con hojas de remolacha salteadas.

62. Buñuelos De Remolacha

INGREDIENTES:
- 2 tazas Remolacha cruda rallada
- ¼ de taza Cebolla, cortada en cubitos
- ½ taza Migas de pan
- 1 grande Huevo batido
- ¼ de cucharadita Jengibre
- Sal y pimienta para probar

INSTRUCCIONES:

a) Mezclar todos los ingredientes. Coloque porciones del tamaño de un panqueque en una plancha caliente engrasada.

b) Cocine hasta que se dore, volteando una vez.

c) Sirva cubierto con mantequilla, crema agria, yogur o cualquier combinación de estos.

63. Remolachas Rellenas

INGREDIENTES:
- 6 grandes remolacha
- 6 cucharadas Queso picante rallado
- 2 cucharadas Migas de pan
- 2 cucharadas CCrea agria
- 1 cucharada condimento de pepinillo
- ½ cucharadita Sal
- ¼ de cucharadita Pimienta
- ¼ de taza Manteca
- ¼ de taza vino blanco

INSTRUCCIONES:

a) Ahueque las remolachas o use remolachas que se hayan usado para hacer guarniciones de bastones de caramelo.

b) Cocine las remolachas ahuecadas en agua ligeramente salada hasta que estén tiernas.

c) Enfriar y quitar la piel. Calienta el horno a 350F. Mezcle el queso, el pan rallado, la crema agria, la salsa de pepinillos y los condimentos.

d) Rellena las remolachas con esta mezcla y colócalas en una fuente para horno poco profunda y engrasada. Unte con mantequilla y hornee sin tapar en un horno a 350 F durante 15 a 20 minutos.

e) Derrita la mantequilla y mézclela con el vino blanco y rocíe de vez en cuando para mantener la humedad.

64. Caballa Española A La Plancha Con Manzanas Y Remolacha

INGREDIENTES:
- 2 caballas españolas (aproximadamente 2 libras cada una), descamadas y limpias, sin agallas
- 2¼ tazas de salmuera de hinojo
- 1 cucharada de aceite de oliva
- 1 cebolla mediana, finamente picada
- 2 remolachas medianas, asadas, hervidas, a la parrilla o enlatadas; picado muy fino
- 1 manzana agria, pelada, sin corazón y finamente picada
- 1 diente de ajo, picado
- 1 cucharada de eneldo fresco o hojas de hinojo frescas finamente picadas
- 2 cucharadas de queso de cabra fresco
- 1 lima, cortada en 8 gajos

INSTRUCCIONES:
a) Enjuague el pescado y colóquelo en una bolsa con cierre hermético de 1 galón con la salmuera, extraiga el aire y selle la bolsa. Refrigere de 2 a 6 horas.
b) Calienta el aceite en una sartén grande a fuego medio. Agregue las cebollas y saltee hasta que estén tiernas, aproximadamente 3 minutos. Agrega las remolachas y la manzana y saltea hasta que la manzana esté tierna, aproximadamente 4 minutos. Agregue el ajo y el eneldo y caliente, aproximadamente 1 minuto. Enfríe la mezcla a temperatura ambiente y agregue el queso de cabra.
c) Mientras tanto, encienda una parrilla a fuego medio directo, aproximadamente 375 ¡F.
d) Retire el pescado de la salmuera y séquelo. Deseche la salmuera. Rellene las cavidades del pescado con la mezcla enfriada de remolacha y manzana y asegúrelas con un hilo, si es necesario.
e) Cepille la parrilla y cúbrala con aceite. Ase el pescado hasta que la piel esté crujiente y el pescado se vea opaco en la superficie pero todavía esté transparente y húmedo en el medio (130¼F en un termómetro de lectura instantánea), de 5 a 7 minutos por lado. Retire el pescado a una fuente para servir y sírvalo con las rodajas de lima.

65. Risotto de remolacha

INGREDIENTES:
- 50 g de mantequilla
- 1 cebolla, finamente picada
- 250 g de arroz para risotto
- 150 ml de vino blanco
- 1 litro de caldo de verduras
- 300 g de remolacha cocida
- 1 limón, rallado y exprimido
- perejil de hoja plana un manojo pequeño, picado en trozos grandes
- 125 g de queso de cabra tierno
- un puñado de nueces tostadas y picadas

INSTRUCCIONES:

a) Derrita la mantequilla en una sartén honda y cocine la cebolla con un poco de condimento durante 10 minutos hasta que esté blanda. Vierta el arroz y revuelva hasta que todos los granos estén cubiertos, luego vierta el vino y burbujee durante 5 minutos.

b) Agregue el caldo un cucharón a la vez, mientras revuelve, agregando solo más una vez que se haya absorbido el lote anterior.

c) Mientras tanto, tome la mitad de la remolacha y bátala en una licuadora pequeña hasta que quede suave y pique el resto.

d) Una vez que el arroz esté cocido, agregue las remolachas batidas y picadas, la ralladura y el jugo de limón y la mayor parte del perejil. Dividir en platos y cubrir con un trozo de queso de cabra, las nueces y el perejil restante.

66. Deslizadores de remolacha con microvegetales

INGREDIENTES:
REMOLACHAS
- 1 diente de ajo, ligeramente machacado y pelado
- 2 zanahorias peladas y cortadas
- Una pizca de sal y pimienta
- 1 cebolla, pelada y cortada en cuartos
- 4 remolachas
- 1 cucharada de semillas de alcaravea
- 2 tallos de apio enjuagados y recortados

VENDAJE:
- ½ taza de mayonesa
- ⅓ taza de suero de leche
- ½ taza de perejil, cebollino, estragón o tomillo picados
- 1 cucharada de jugo de limón recién exprimido
- 1 cucharadita de pasta de anchoa
- 1 diente de ajo picado
- Sal pimienta _

ADICIÓN:
- bollos deslizantes
- 1 cebolla morada en rodajas finas
- Un puñado de microvegetales mixtos

INSTRUCCIONES:
VENDAJE
a) Combine suero de leche, hierbas, mayonesa, jugo de limón, pasta de anchoas, ajo, sal y pimienta.

REMOLACHAS
b) En una olla, hierva la remolacha, el apio, las zanahorias, la cebolla, el ajo, las semillas de alcaravea, la sal y la pimienta durante 55 minutos.

c) Pelar las remolachas y cortarlas en rodajas.

d) Saltee las rodajas de remolacha durante 3 minutos por cada lado en una sartén cubierta con aceite en aerosol.

ARMAR
e) Coloque los panecillos en un plato y cúbralos con remolacha, vinagreta, cebolla morada y microverduras.

f) Disfrutar.

67. Camarones Con Amaranto Y Queso De Cabra

INGREDIENTES:
- 2 remolachas en espiral
- 4 oz de queso de cabra ablandado
- ½ taza de microgreens de rúcula ligeramente picados
- ½ taza de microvegetales de amaranto ligeramente picados
- 1 libra de camarones
- 1 taza de nueces picadas
- ¼ taza de azúcar de caña cruda
- 1 cucharadas de mantequilla
- 2 cucharadas de Aceite de Oliva Virgen Extra

INSTRUCCIONES:
a) Deje que el queso de cabra se ablande durante 30 minutos antes de comenzar los preparativos.
b) Precalienta el horno a 375 grados.
c) Calienta una sartén a fuego moderado.
d) Agrega nueces, azúcar y mantequilla a la sartén y revuelve frecuentemente a fuego moderado.
e) Revuelve constantemente una vez que el azúcar comience a derretirse.
f) Una vez que las nueces estén cubiertas, transfiéralas inmediatamente a una hoja de papel pergamino y separe las nueces para que no se endurezcan y se peguen. Dejar de lado
g) Cortar las remolachas en espirales.
h) Mezcle las espirales con aceite de oliva y sal marina.
i) Extienda las remolachas en una bandeja para hornear galletas y hornee en el horno durante 20 a 25 minutos.
j) Enjuague los camarones y agréguelos a una cacerola.
k) Llena una cacerola con agua y sal marina. Llevar a ebullición.
l) Escurre el agua y ponla en un baño de hielo para detener la cocción.
m) Corta y pica ligeramente los microgreens de rúcula. Dejar de lado.
n) Agregue microgreens al queso ablandado, dejando a un lado unas pizcas de cada microgreen.
o) Licue los microgreens y el queso.
p) Raspe la mezcla de queso hasta formar una bola.

q) Remolachas en plato.
r) Agrega una cucharada de queso encima de las remolachas.
s) Coloque nueces alrededor del plato.
t) Agregue los camarones y espolvoree con los microgreens restantes, la sal y la pimienta molida.

68. Vieiras A La Parrilla Con Salsa De Remolacha Fresca

INGREDIENTES:
- 1¼ taza de jugo de remolacha fresca
- aceite de oliva frutal
- 1 cucharadita de vinagre de vino blanco
- Sal kosher; probar
- Pimienta negra recién molida; probar
- 1¼ libras de vieiras frescas
- Unas gotas de jugo de limón fresco
- 1 libra de hojas tiernas de col rizada; núcleo central duro eliminado
- Unas gotas de vinagre de Jerez
- cebollino fresco; cortar en palitos
- Pequeños dados de pimiento amarillo

INSTRUCCIONES:
a) Coloque el jugo de remolacha en una cacerola no reactiva y hierva hasta que se reduzca a aproximadamente ½ taza.
b) Fuera del fuego, bata lentamente de 2 a 3 cucharadas de aceite de oliva hasta reducirlo para espesar la salsa. Agregue vinagre de vino blanco, sal y pimienta al gusto. Reservar y mantener caliente.
c) Engrase ligeramente las vieiras y sazone con sal, pimienta y unas gotas de jugo de limón.
d) Unte las hojas de col rizada con aceite y sazone ligeramente. Ase la col rizada por ambos lados hasta que las hojas estén ligeramente carbonizadas y bien cocidas.
e) Ase las vieiras hasta que estén cocidas (el centro debe estar ligeramente opaco). Coloque la col rizada de manera atractiva en el centro de platos calientes y rocíe unas gotas de vinagre de jerez sobre ella.
f) Coloque las vieiras encima y vierta la salsa de remolacha alrededor. Adorne con palitos de cebollino y pimiento amarillo y sirva inmediatamente.

BATATA

69. Frittata De Camote Y Espinacas

INGREDIENTES:
- 1 camote mediano, pelado y cortado en cubitos
- 1 taza de hojas de espinacas frescas
- 1/2 cebolla, picada
- 4 huevos
- 1/4 taza de leche
- Sal y pimienta para probar
- Aceite de oliva para cocinar

INSTRUCCIONES:

a) Precalienta el horno a 350°F (175°C).

b) Calienta el aceite de oliva en una sartén apta para horno a fuego medio.

c) Agregue el camote y la cebolla cortados en cubitos a la sartén y cocine hasta que los camotes estén tiernos, aproximadamente de 8 a 10 minutos.

d) Agregue las hojas de espinaca y cocine hasta que se ablanden, aproximadamente 2 minutos.

e) En un bol, mezcle los huevos, la leche, la sal y la pimienta.

f) Vierta la mezcla de huevo sobre el camote y las espinacas en la sartén.

g) Cocine en la estufa durante unos minutos hasta que los bordes comiencen a cuajar.

h) Transfiera la sartén al horno precalentado y hornee durante unos 12-15 minutos, o hasta que la frittata esté firme en el centro.

i) Retirar del horno y dejar enfriar un poco antes de cortar y servir.

70. Tazón de desayuno de camote

INGREDIENTES:
- 1 batata mediana, asada y triturada
- 1/2 taza de yogur griego
- 2 cucharadas de miel
- 1/4 taza de granola
- Bayas frescas para cubrir

INSTRUCCIONES:

a) En un tazón, combine el puré de camote, el yogur griego y la miel.

b) Revuelva bien para combinar.

c) Cubra la mezcla de camote con granola y bayas frescas.

d) Disfruta del bol de desayuno de boniato frío o a temperatura ambiente.

71. Cazuela De Desayuno De Camote Y Salchicha

INGREDIENTES:
- 2 tazas de batatas cocidas y trituradas
- 1 libra de salchicha para el desayuno, cocida y desmenuzada
- 1/2 cebolla, picada
- 1 pimiento morrón, cortado en cubitos
- 1 taza de queso cheddar rallado
- 8 huevos
- 1/2 taza de leche
- Sal y pimienta para probar

INSTRUCCIONES:

a)   Precalienta el horno a 350°F (175°C).

b)   En una fuente para horno engrasada, coloque capas de puré de camote, salchicha cocida, cebolla picada, pimiento morrón cortado en cubitos y queso cheddar rallado.

c)   En un bol, mezcle los huevos, la leche, la sal y la pimienta.

d)   Vierta la mezcla de huevo sobre los ingredientes en la fuente para hornear.

e)   Hornee durante unos 30-35 minutos, o hasta que los huevos estén cuajados y la parte superior esté dorada.

f)   Deje que la cazuela se enfríe durante unos minutos antes de cortarla y servirla.

72. Galletas de desayuno de camote

INGREDIENTES:
- 1 taza de batatas cocidas y trituradas
- 1/4 taza de mantequilla de almendras
- 1/4 taza de miel
- 1 cucharadita de extracto de vainilla
- 1 taza de copos de avena
- 1/2 taza de harina integral
- 1/2 cucharadita de polvo para hornear
- 1/2 cucharadita de canela molida
- 1/4 cucharadita de sal
- 1/4 taza de arándanos o pasas secos
- 1/4 taza de nueces picadas (opcional)

INSTRUCCIONES:

a) Precalienta el horno a 350 °F (175 °C) y cubre una bandeja para hornear con papel pergamino.

b) En un tazón, combine el puré de camote, la mantequilla de almendras, la miel y el extracto de vainilla. Mezclar bien.

c) En un recipiente aparte, mezcle la avena, la harina integral, el polvo para hornear, la canela y la sal.

d) Agregue los ingredientes secos a la mezcla de camote y revuelva hasta que se combinen.

e) Incorpora los arándanos secos o las pasas y las nueces picadas, si lo deseas.

f) Deje caer cucharadas de masa para galletas en la bandeja para hornear preparada.

g) Hornee durante unos 12-15 minutos o hasta que las galletas estén ligeramente doradas.

h) Deje que las galletas se enfríen en la bandeja para hornear antes de transferirlas a una rejilla para que se enfríen por completo.

73. Sartén para desayuno con camote y tocino

INGREDIENTES:
- 2 batatas medianas, peladas y cortadas en cubitos
- 4 rebanadas de tocino, picado
- 1/2 cebolla, picada
- 1 pimiento morrón, cortado en cubitos
- 4 huevos
- Sal y pimienta para probar

INSTRUCCIONES:

a) En una sartén, cocina el tocino picado hasta que esté crujiente. Retirar de la sartén y reservar.

b) En la misma sartén, agregue las batatas cortadas en cubitos y cocine hasta que estén tiernas, aproximadamente de 8 a 10 minutos.

c) Agregue la cebolla picada y el pimiento morrón a la sartén y cocine hasta que se ablanden, aproximadamente de 3 a 4 minutos.

d) Empuja la mezcla de camote hacia un lado de la sartén y rompe los huevos del otro lado.

e) Condimentar con sal y pimienta.

f) Cocina hasta que los huevos estén cocidos a tu gusto y los boniatos ligeramente caramelizados.

g) Espolvorea el tocino cocido sobre la sartén.

h) Sirva caliente la sartén para el desayuno de camote y tocino.

74.Tazón de batido de camote

INGREDIENTES:
- 1 batata mediana, asada y pelada
- 1 plátano congelado
- 1/2 taza de yogur griego
- 1/2 taza de leche de almendras (o cualquier otra leche de tu elección)
- 1 cucharada de miel o jarabe de arce
- Ingredientes: plátano en rodajas, granola, hojuelas de coco, semillas de chía

INSTRUCCIONES:

a) En una licuadora, combine la batata asada, el plátano congelado, el yogur griego, la leche de almendras y la miel o el jarabe de arce.

b) Mezcle hasta que esté suave y cremosa.

c) Vierta el batido en un tazón y agregue los ingredientes que desee, como plátano en rodajas, granola, hojuelas de coco y semillas de chía.

d) Disfruta del tazón de batido de camote inmediatamente.

75. Tazón de burrito de desayuno con camote

INGREDIENTES:
- 2 batatas medianas, peladas y cortadas en cubitos
- 1 cucharada de aceite de oliva
- 1 cucharadita de pimentón
- Sal y pimienta para probar
- 4 huevos revueltos
- 1 taza de frijoles negros, enjuagados y escurridos
- Salsa o salsa picante para servir
- Rodajas de aguacate para decorar

INSTRUCCIONES:
a) Precalienta el horno a 425°F (220°C).
b) Mezcle las batatas cortadas en cubitos con aceite de oliva, pimentón, sal y pimienta en una fuente para horno.
c) Ase en el horno durante unos 20-25 minutos, o hasta que los camotes estén tiernos y ligeramente crujientes.
d) En un tazón, coloque capas de batatas asadas, huevos revueltos y frijoles negros.
e) Cubra con salsa o salsa picante y decore con rodajas de aguacate.
f) Sirva caliente el tazón de burrito de desayuno de camote.

76. Ceviche Peruano

INGREDIENTES:
- 2 patatas medianas
- 2 camotes de cada uno
- 1 cebolla morada, cortada en tiras finas
- 1 taza de jugo de limón fresco
- ½ tallo de apio, rebanado
- ¼ de taza de hojas de cilantro ligeramente compactadas
- 1 pizca de comino molido
- 1 diente de ajo, picado
- 1 chile habanero
- 1 pizca de sal y pimienta recién molida
- 1 libra de tilapia fresca cortada en ½ pulgada
- 1 libra de camarones medianos, pelados,

INSTRUCCIONES:

a) Coloca las patatas y los boniatos en una cacerola y cubre con agua. Coloca la cebolla cortada en rodajas en un recipiente con agua tibia.

b) Licue el apio, el cilantro y el comino y agregue el ajo y el chile habanero. Sazone con sal y pimienta, luego agregue la tilapia y los camarones cortados en cubitos.

c) Para servir, pela las patatas y córtalas en rodajas. Agrega las cebollas a la mezcla de pescado. Forre los tazones para servir con hojas de lechuga. Vierta el ceviche que consiste en jugo en los tazones y decore con rodajas de papa.

77. Buñuelos de batata con jengibre

INGREDIENTES:
- A; (1/2 libra) de batata
- 1½ cucharadita de raíz de jengibre fresca pelada y picada
- 2 cucharaditas de jugo de limón fresco
- ¼ cucharadita de hojuelas de pimiento rojo picante seco
- ¼ cucharadita de sal
- 1 huevo grande
- 5 cucharadas de harina para todo uso
- Aceite vegetal para freír

INSTRUCCIONES:

a) En un procesador de alimentos pique bien el boniato rallado con el jengibre, el jugo de limón, las hojuelas de pimiento rojo y la sal, agregue el huevo y la harina y mezcle bien la mezcla.

b) En una cacerola grande, caliente 1½ pulgadas de aceite y vierta cucharadas de la mezcla de batata en el aceite hasta que estén doradas.

c) Transfiera los buñuelos a toallas de papel para escurrir.

78. Bocaditos de malvavisco y camote

INGREDIENTES:
- 4 batatas, peladas y cortadas en rodajas
- 2 cucharadas de mantequilla vegetal derretida
- 1 cucharadita de jarabe de arce
- Sal kosher
- Bolsa de 10 onzas de malvaviscos
- ½ taza de mitades de nueces pecanas

INSTRUCCIONES:
a) Precalienta el horno a 400 grados Fahrenheit.
b) Mezcle las batatas con mantequilla vegetal derretida y jarabe de arce en una bandeja para hornear y colóquelas en una capa uniforme. Condimentar con sal y pimienta.
c) Hornee hasta que esté suave, aproximadamente 20 minutos, volteando a la mitad. Eliminar.
d) Cubra cada ronda de camote con un malvavisco y ase durante 5 minutos .
e) Sirva inmediatamente con la mitad de una nuez encima de cada malvavisco.

79. Batatas Rellenas

INGREDIENTES:
- 1 taza de agua
- 1 batata
- 1 cucharada de jarabe de arce puro
- 1 cucharada de mantequilla de almendras
- 1 cucharada de nueces picadas
- 2 cucharadas de arándanos
- 1 cucharadita de semillas de chía
- 1 cucharadita de pasta de curry

INSTRUCCIONES:

a) En su olla instantánea, agregue una taza de agua y la rejilla para cocinar al vapor.

b) Sella la tapa y coloca la batata en la rejilla, asegurándote de que la válvula de liberación esté en la posición correcta.

c) Precaliente la olla instantánea a alta presión durante 15 minutos en modo manual. La presión tardará unos minutos en aumentar.

d) Después de que suene el cronómetro, deja que la presión baje naturalmente durante 10 minutos. Para descargar la presión restante, gire la válvula de liberación.

e) Una vez que la válvula de flotador haya bajado, retiramos el boniato abriendo la tapa.

f) Cuando la batata se haya enfriado lo suficiente como para manipularla, córtela por la mitad y triture la pulpa con un tenedor.

g) Cubra con nueces, arándanos y semillas de chía, luego rocíe con jarabe de arce y mantequilla de almendras.

80.Patatas dulces en tempura

INGREDIENTES:
- 2 batatas medianas
- Aceite vegetal, para freír
- 1 taza de harina para todo uso
- ¼ taza de maicena
- ½ cucharadita de sal
- 1 taza de agua helada
- Salsa para mojar de su elección (p. ej., salsa de soja, salsa ponzu o salsa de chile dulce)

INSTRUCCIONES:

a) Pela los boniatos y córtalos en rodajas finas o en palitos de fósforo. Remójalas en agua fría durante unos minutos para eliminar el exceso de almidón. Escurrir y secar con una toalla de papel.

b) Caliente el aceite vegetal en una freidora o en una olla grande a aproximadamente 350 °F (175 °C).

c) En un tazón, combine la harina para todo uso, la maicena y la sal. Agregue gradualmente el agua helada, revolviendo suavemente, hasta lograr una consistencia de masa suave. Tenga cuidado de no mezclar demasiado; está bien si quedan algunos grumos.

d) Sumerja cada rodaja de batata o cerilla en la masa de tempura, asegurándose de que quede cubierta uniformemente. Deje que escurra el exceso de masa antes de colocarlos con cuidado en el aceite caliente.

e) Fríe las batatas en tandas, asegurándote de no abarrotar la freidora o la olla. Cocínelos durante unos 2-3 minutos o hasta que la masa de tempura esté dorada y crujiente. Sácalos del aceite con una espumadera o unas pinzas y transfiérelos a un plato forrado con toallas de papel para absorber el exceso de aceite.

f) Repite el proceso con las batatas restantes hasta que estén todas cocidas.

g) Sirva las batatas en tempura calientes con una salsa para mojar de su elección. Son un aperitivo sabroso y crujiente o se pueden servir como guarnición de una comida principal.

81. Tempura de pavo y boniato

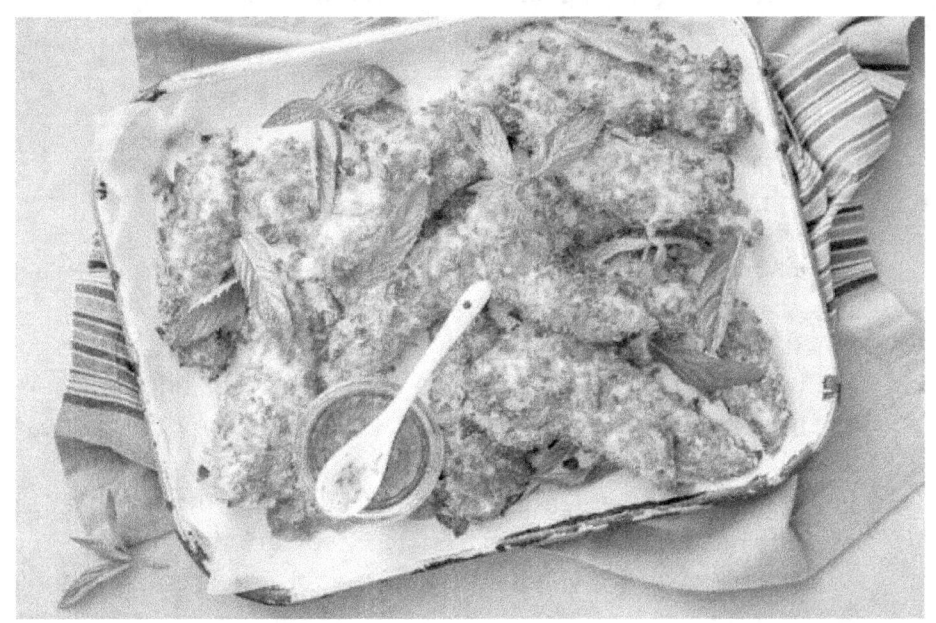

INGREDIENTES:
- 2 chuletas de pavo, en rodajas finas
- 1 batata pequeña, pelada y cortada en rodajas finas
- 1 taza de harina para todo uso
- ¼ taza de maicena
- ¼ cucharadita de polvo para hornear
- ¼ cucharadita de sal
- 1 taza de agua helada
- Aceite vegetal para freír
- Salsa de mostaza y miel o su salsa preferida para acompañar

INSTRUCCIONES:

a) Cortar las chuletas de pavo y el boniato en tiras finas.

b) En un bol, mezcle la harina, la maicena, el polvo para hornear y la sal.

c) Agregue gradualmente el agua helada a los ingredientes secos, batiendo hasta que la masa esté suave y con grumos.

d) Caliente el aceite vegetal en una freidora o en una olla grande a 180°C (360°F).

e) Sumerja cada tira de pavo y rodaja de camote en la masa, cubriéndolas uniformemente.

f) Coloque con cuidado el pavo rebozado y la batata en el aceite caliente y fríalos hasta que estén dorados, volteándolos una vez para una cocción uniforme.

g) Use una espumadera para retirar el pavo frito y la batata del aceite y transfiéralos a un plato forrado con papel toalla para escurrir el exceso de aceite.

h) Sirva la tempura de pavo y camote con salsa de mostaza y miel o su salsa preferida para obtener una sabrosa combinación de sabores.

82. Nachos de camote

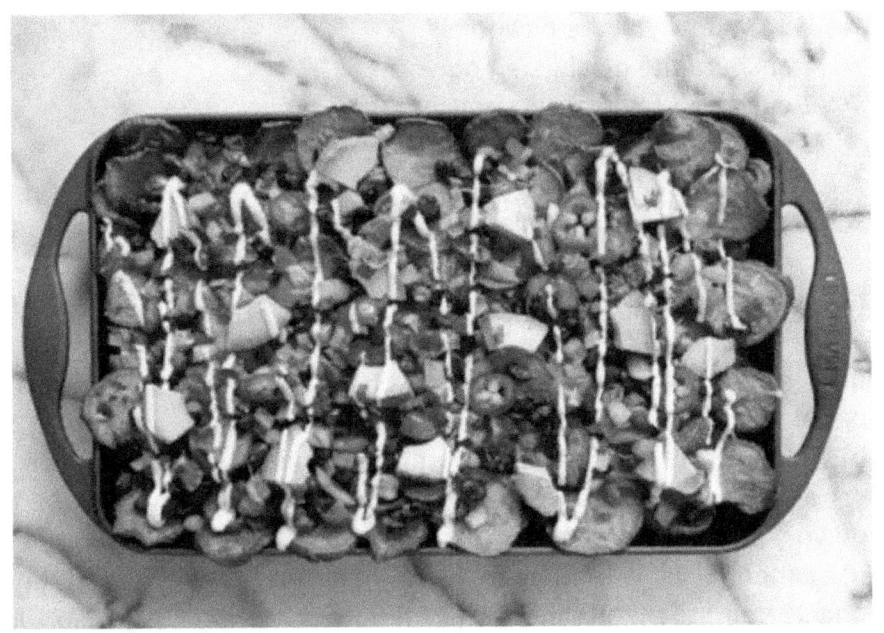

INGREDIENTES:
- 1 cucharada de aceite de oliva
- ⅓ taza de tomate picado
- ⅓ taza de aguacate picado
- 1 cucharadita de chile en polvo
- 1 cucharadita de ajo en polvo
- 3 batatas
- 1½ cucharaditas de pimentón
- ⅓ taza de queso Cheddar rallado bajo en grasa

INSTRUCCIONES:

a) Precalienta el horno a 425 grados Fahrenheit. Cubra los moldes para hornear con aceite en aerosol antiadherente y cúbralos con papel de aluminio.

b) Pele y corte finamente las batatas en rodajas de 14 pulgadas.

c) Mezcle las rodajas con aceite de oliva, chile en polvo, ajo en polvo y pimentón.

d) Extienda uniformemente sobre la sartén precalentada y hornee por 25 minutos, volteando a la mitad del tiempo de cocción hasta que esté crujiente.

e) Retire la sartén del horno y cubra las batatas con frijoles y queso.

f) Hornee por otros 2 minutos hasta que el queso se derrita.

g) Agregue el tomate y el aguacate. Atender.

83. Chips de batata al horno

INGREDIENTES:
- 2 batatas grandes
- 2 cucharadas de aceite de oliva
- Sal y pimienta para probar

INSTRUCCIONES:

a) Precalienta el horno a 375°F (190°C).

b) Lavar y pelar los boniatos. Cortarlos en rodajas finas con una mandolina o un cuchillo afilado.

c) En un tazón grande, mezcle las rodajas de camote con aceite de oliva, sal y pimienta hasta que estén cubiertas uniformemente.

d) Coloca las rodajas en una sola capa sobre una bandeja para hornear forrada con papel pergamino.

e) Hornee durante 15-20 minutos, volteando las patatas fritas a la mitad, hasta que estén crujientes y ligeramente doradas.

f) Retirar del horno y dejar enfriar las patatas fritas antes de servir.

84. Chips de batata con curry y especias

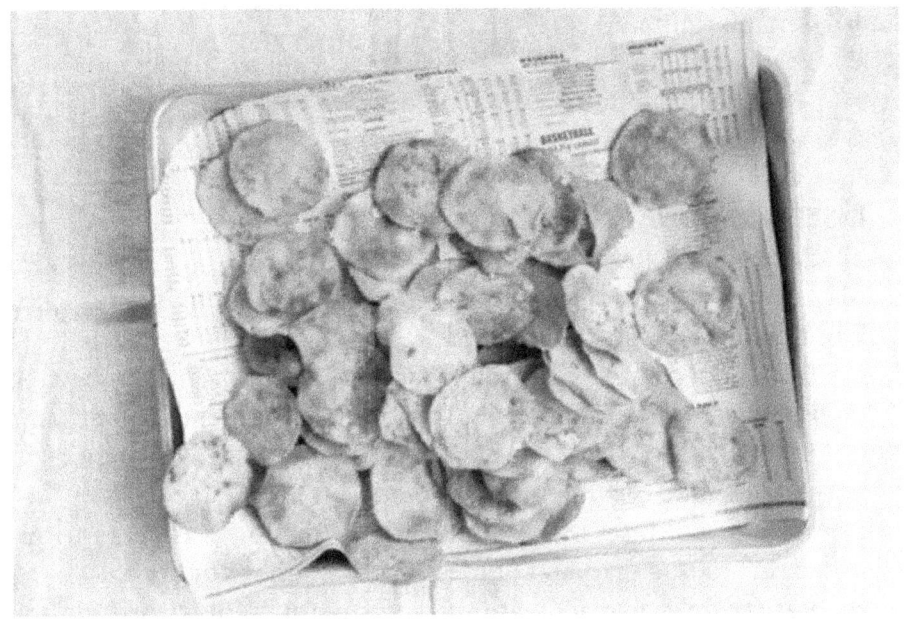

INGREDIENTES:
- 2 batatas grandes
- 2 cucharadas de aceite de oliva
- 1 cucharadita de curry en polvo
- ½ cucharadita de sal
- ¼ cucharadita de cúrcuma molida
- ¼ cucharadita de comino molido

INSTRUCCIONES:

a) Precalienta el horno a 375°F (190°C).

b) Lavar y pelar los boniatos. Cortarlos en rodajas finas con una mandolina o un cuchillo afilado.

c) En un bol, mezcle las rodajas de batata con aceite de oliva, curry en polvo, sal, cúrcuma y comino hasta que estén bien cubiertas.

d) Coloca las rodajas en una sola capa sobre una bandeja para hornear forrada con papel pergamino.

e) Hornee durante 15-20 minutos, volteando las patatas fritas a la mitad, hasta que estén crujientes y ligeramente doradas.

f) Retirar del horno y dejar enfriar las patatas fritas antes de servir.

85. Patatas fritas de camote a la barbacoa

INGREDIENTES:
- 2 batatas medianas
- 2 cucharadas de aceite de oliva
- 1 cucharada de condimento para barbacoa
- ½ cucharadita de sal

INSTRUCCIONES:

a) Precalienta el horno a 375°F (190°C).

b) Lavar y pelar los boniatos.

c) Cortar las batatas en rodajas finas con una mandolina o un cuchillo afilado.

d) En un tazón, combine el aceite de oliva, el condimento para barbacoa y la sal.

e) Mezcle las rodajas de batata en la mezcla hasta que estén bien cubiertas.

f) Coloca las rodajas de camote en una bandeja para hornear forrada con papel pergamino.

g) Hornee durante 15-20 minutos o hasta que estén crujientes y ligeramente caramelizados.

h) Deje que las patatas fritas se enfríen antes de servir.

86. Rondas de camote

INGREDIENTES:
- Sal y pimienta
- ½ camote al horno, en rodajas
- 2 huevos
- ½ taza de verduras de su elección: microverduras, rúcula, espinacas u otras
- AOVE

INSTRUCCIONES:

a) Coloque ¾ de las verduras en un plato y rocíe ligeramente con aceite de oliva y una pizca de sal.

b) Calienta la sartén o plancha a fuego medio.

c) Agrega aceite de oliva y luego coloca las rodajas de batata en la sartén.

d) Condimentar con sal y pimienta.

e) Cocine hasta que el fondo comience a dorarse, luego voltee.

f) Saca las rodajas de batata de la sartén y colócalas encima de las verduras precocidas.

g) Rompe dos huevos en la sartén.

h) Sazonarlos con un poco de sal y pimienta.

i) Agrega los huevos a las rodajas de camote cocido encima.

j) Adorne el plato con las verduras reservadas.

87. Deslizadores De Pavo Con Camote

INGREDIENTES:
- 4 tiras de tocino ahumado en madera de manzano, finamente picadas
- 1 libra de pavo molido
- ½ taza de panko rallado
- 2 huevos grandes
- ½ taza de queso parmesano rallado
- 4 cucharadas de cilantro fresco picado
- 1 cucharadita de albahaca seca
- ½ cucharadita de comino molido
- 1 cucharada de salsa de soja
- 2 batatas grandes
- Queso Colby-Monterey Jack rallado

INSTRUCCIONES:

a) En una sartén grande, cocina el tocino a fuego medio hasta que esté crujiente; escurrir sobre toallas de papel. Deseche todo menos 2 cucharadas de grasa. Deja la sartén a un lado. Combine el tocino con los siguientes 8 ingredientes hasta que esté bien mezclado; cubra y refrigere durante al menos 30 minutos.

b) Precalienta el horno a 425°. Corte las batatas en 20 rodajas de aproximadamente ½ pulgada de grosor. Coloque las rebanadas en una bandeja para hornear sin engrasar; hornee hasta que las batatas estén tiernas pero no blandas, de 30 a 35 minutos. Retire las rodajas; Dejar enfriar sobre una rejilla.

c) Caliente la sartén con la grasa reservada a fuego medio-alto. Forme hamburguesas del tamaño de una hamburguesa con la mezcla de pavo. Cocine las hamburguesas en tandas, de 3 a 4 minutos por cada lado, teniendo cuidado de no llenar la sartén. Agregue una pizca de queso cheddar rallado después de voltear cada control deslizante por primera vez. Cocine hasta que un termómetro marque 165° y los jugos salgan claros.

d) Para servir, coloque cada control deslizante sobre una rodaja de camote; unte con miel y mostaza Dijon. Cubrir con una segunda rodaja de camote.

e) Perforar con un palillo.

88. Tacos de tinga de camote y zanahoria

INGREDIENTES:
- ¼ taza de agua
- 1 taza de cebolla blanca en rodajas finas
- 3 dientes de ajo, picados
- 2 ½ tazas de camote rallado
- 1 taza de zanahoria rallada
- 1 lata (14 onzas) de tomates cortados en cubitos
- 1 cucharadita de orégano mexicano
- 2 chiles chipotles en adobo
- ½ taza de caldo de verduras
- 1 aguacate, rebanado
- 8 tortillas

INSTRUCCIONES:
a) En una sartén grande a fuego medio, agregue el agua y la cebolla y cocine durante 3 a 4 minutos, hasta que la cebolla esté transparente y suave. Agrega el ajo y continúa cocinando, revolviendo durante 1 minuto.
b) Agregue la batata y la zanahoria a la sartén y cocine durante 5 minutos revolviendo con frecuencia.

SALSA:
c) Coloca los tomates cortados en cubitos, el caldo de verduras, el orégano y los chiles chipotles en la licuadora y procesa hasta que quede suave.
d) Agregue la salsa de tomate chipotle a la sartén y cocine durante 10 a 12 minutos, revolviendo ocasionalmente, hasta que los camotes y las zanahorias estén bien cocidos. Si es necesario, agregue más caldo de verduras a la sartén.
e) Sirva sobre tortillas calientes y cubra con rodajas de aguacate.

89. Albóndigas De Lentejas Y Arroz

INGREDIENTES:
- ¾ de taza lentejas
- 1 Batata
- 10 hojas de espinacas frescas
- 1 taza Champiñones frescos, picados
- ¾ de taza harina de almendra
- 1 cucharadita Estragón
- 1 cucharadita Polvo de ajo
- 1 cucharadita Perejil
- ¾ de taza Arroz de grano largo

INSTRUCCIONES:

a) Cocine el arroz hasta que esté cocido y ligeramente pegajoso y las lentejas hasta que estén blandas. Dejar enfriar un poco.

b) Pique finamente una batata pelada y cocine hasta que esté suave. Dejar enfriar un poco.

c) Las hojas de espinaca se deben enjuagar y triturar finamente.

d) Mezclar todos los ingredientes y especias añadiendo sal y pimienta al gusto.

e) Enfriar en el frigorífico durante 15-30 min.

f) Forme albóndigas y saltee en una sartén o en una parrilla de verduras.

g) Asegúrate de engrasar o rociar una sartén con Pam, ya que estas albóndigas tenderán a pegarse.

90. Cazuela De Batata Y Malvaviscos

INGREDIENTES:
- 4 ½ libras de batatas
- 1 taza de azúcar granulada
- ½ taza de mantequilla vegana ablandada
- ¼ de taza de leche vegetal
- 1 cucharadita de extracto de vainilla
- ¼ cucharadita de sal
- 1 ¼ tazas de cereal de copos de maíz, triturado
- ¼ de taza de nueces pecanas picadas
- 1 cucharada de azúcar moreno
- 1 cucharada de mantequilla vegana, derretida
- 1½ tazas de malvaviscos en miniatura

INSTRUCCIONES:
a) Precalienta el horno a 425 grados Fahrenheit.
b) Ase las batatas durante 1 hora o hasta que estén blandas.
c) Corte las batatas por la mitad y saque el interior y póngalo en una fuente para mezclar.
d) Con una batidora eléctrica, bata el puré de camote, el azúcar granulada y los siguientes 5 ingredientes hasta que quede suave.
e) Vierta la mezcla de papa en una fuente para hornear de 11 x 7 pulgadas que haya sido engrasada.
f) En un tazón, combine el cereal cornflakes y los siguientes tres ingredientes.
g) Espolvoree en filas diagonales a 2 pulgadas de distancia sobre el plato.
h) Hornee por 30 minutos .
i) Entre las hileras de copos de maíz, espolvoree malvaviscos; hornee por 10 minutos.

91. Cazuela De Camote Y Copos De Maíz

INGREDIENTES:
- 2 huevos
- 3 tazas de puré de batatas
- 1 taza de azúcar
- ½ taza de mantequilla, derretida
- ⅓ taza de leche
- 1 cucharadita de extracto de vainilla

ADICIÓN:
- 3 tazas de copos de maíz
- ⅔ taza de mantequilla, derretida
- 1 taza de azúcar morena envasada
- ½ taza de nueces picadas
- ½ taza de pasas

INSTRUCCIONES:

a) Batir los huevos en un tazón grande, luego agregar los siguientes 5 ingredientes y combinar bien.

b) Vierta en una fuente para hornear sin engrasar de 13"x9". Mezcle los ingredientes de la cobertura y espolvoree sobre las patatas.

c) Hornee a 350 grados durante unos 30 a 40 minutos.

92.Pan De Frijoles Y Mijo Con Batatas

INGREDIENTES:
- 1 taza de champiñones picados
- 1 cucharada de aceite
- 1 taza de batatas cortadas en cubitos
- Agua, si es necesario
- ½ taza de tofu sedoso
- 2 cucharadas de salsa (opcional)
- 2 cucharadas de fécula de patata
- Lata de 15 onzas de frijoles rojos, escurridos y enjuagados
- ½ taza de mijo cocido
- 1 taza de pan de centeno, cortado en cubos pequeños
- ½ taza de maíz congelado descongelado o recién raspado de la mazorca
- 1 cucharadita de romero picado
- ½ cucharadita de sal
- ½ taza de nueces tostadas y finamente picadas, cualquier variedad (opcional)

INSTRUCCIONES:

a) Calienta una sartén pesada a fuego medio-alto. Agrega los champiñones y sofríe en seco hasta que suelten su jugo. Reducir el calor.

b) Agregue el aceite y los camotes, cubra y cocine hasta que los camotes estén suaves.

c) Agrega un poco de agua, si es necesario, para evitar que las patatas se peguen. Cuando las papas y los champiñones estén cocidos, retire aproximadamente ½ taza y combine con el tofu, la salsa y el almidón de papa. Mezclar bien. Dejar de lado.

d) Precalentar el horno a 350 grados. Forre la bandeja para hornear con papel pergamino. En un tazón grande, combine los frijoles rojos, el mijo y el pan de centeno y tritúrelos hasta que se mezclen.

e) Agrega la mezcla de tofu, el maíz, el romero, la sal y las nueces.

f) Mezclar bien. Extienda la mitad de esta mezcla en el molde para pan.

g) Coloque los champiñones y las batatas restantes sobre la capa y luego esparza el resto de la mezcla de frijoles y mijo encima. Palmadita abajo. Hornea por 45 minutos.

h) Retirar del horno e invertir sobre una rejilla para enfriar.

93.Ñoquis De Camote Con Pesto De Rúcula

INGREDIENTES:
- 2 batatas grandes, horneadas y peladas
- 2 tazas de harina para todo uso, más un poco más para espolvorear
- 1 cucharadita de sal
- ½ cucharadita de pimienta negra molida
- ¼ cucharadita de nuez moscada molida
- 2 tazas de hojas frescas de rúcula (rúcula)
- ½ taza de queso parmesano rallado
- ¼ taza de piñones
- 2 dientes de ajo, picados
- ½ taza de aceite de oliva virgen extra
- Sal y pimienta para probar

INSTRUCCIONES:

a) En un tazón grande, triture las batatas horneadas hasta que quede suave.

b) En un recipiente aparte, combine la harina para todo uso, la sal, la pimienta negra molida y la nuez moscada molida.

c) Agrega poco a poco la mezcla de harina al puré de camote, mezclando bien hasta que se forme una masa suave. Si la masa queda demasiado pegajosa, añade un poco más de harina.

d) Transfiera la masa a una superficie ligeramente enharinada y amase suavemente durante unos minutos hasta que quede suave.

e) Divida la masa en porciones pequeñas. Enrolle cada porción en forma de cuerda, de aproximadamente ½ pulgada de diámetro.

f) Corta las cuerdas en trozos pequeños, de aproximadamente 1 pulgada de largo, para formar los ñoquis. Use un tenedor para hacer crestas en cada pieza si lo desea.

g) Ponga a hervir una olla grande de agua con sal. Agrega los ñoquis de boniato y cocínalos hasta que floten hacia la superficie. Esto debería tardar entre 2 y 3 minutos. Retire los ñoquis con una espumadera y déjelos a un lado.

h) En un procesador de alimentos, combine las hojas frescas de rúcula, el queso parmesano rallado, los piñones, el ajo picado y el aceite de oliva virgen extra. Procese hasta que la mezcla forme un pesto suave. Sazone con sal y pimienta al gusto.

i) En una sartén grande, calienta un poco de aceite de oliva a fuego medio. Agrega los ñoquis de batata cocidos y revuélvelos en la sartén hasta que estén bien cubiertos y calientes.

j) Sirva los ñoquis de batata con pesto de rúcula, rociando el pesto sobre los ñoquis o sirviéndolos a un lado. Disfrute de la deliciosa combinación de ñoquis de camote y sabroso pesto de rúcula.

94. Ñoquis De Castañas Y Boniato

INGREDIENTES:
GNOCCHI
- 1 + ½ taza de batata asada
- ½ taza de harina de castaña
- ½ taza de ricota de leche entera
- 2 cucharaditas de sal kosher
- ½ taza de harina sin gluten
- Pimienta blanca al gusto
- Pimentón ahumado al gusto

RAGU DE SETAS Y CASTAÑAS
- 1 taza de champiñones, cortados en 4
- 2-3 champiñones portobello, cortados en tiras finas
- 1 bandeja de champiñones shimeji (blancos o marrones)
- ⅓ taza de castaña, cortada en cubitos
- 2 cucharadas de mantequilla
- 2 chalotes, finamente picados
- 2 dientes de ajo, finamente picados
- 1 cucharadita de pasta de tomate
- Vino blanco (al gusto)
- Sal kosher (al gusto)
- 2 cucharadas de salvia fresca, finamente picada
- perejil al gusto

PARA TERMINAR
- 2 cucharadas de aceite de oliva
- Queso parmesano (al gusto)

INSTRUCCIONES:
GNOCCHI
a) Precalienta el horno a 380 grados.
b) Perfora las batatas por todas partes con un tenedor.
c) Coloque las batatas en una bandeja para hornear con borde y ase durante unos 30 minutos o hasta que estén tiernas. Dejar enfriar un poco.
d) Pela las batatas y pásalas a un procesador de alimentos. Haga puré hasta que quede suave.

e) En un tazón grande, combine los ingredientes dr (harina de castañas, sal, harina sin gluten, pimienta blanca y pimentón ahumado) y déjelos a un lado.

f) Transfiera el puré de camote a un tazón grande. Agrega la ricota y agrega ¾ de la mezcla seca. Transfiera la masa a una superficie de trabajo muy enharinada y amase suavemente con más harina hasta que la masa se una pero aún esté muy suave.

g) Divida la masa en 6 a 8 trozos y enrolle cada trozo hasta formar una cuerda de 1 pulgada de grosor.

h) Corte las cuerdas en trozos de 1 pulgada y espolvoree cada pieza con harina sin gluten.

i) Enrolle cada ñoqui contra las púas de un tenedor enharinado para hacer pequeñas hendiduras.

j) Guárdelo en una bandeja en el refrigerador hasta que esté listo para usarlo.

RAGU DE SETAS Y CASTAÑAS

k) En una sartén caliente, derrita la mantequilla y agregue una pizca de sal.

l) Agregue las chalotas, el ajo y la salvia y saltee durante 10 minutos hasta que las chalotas estén traslúcidas.

m) Agrega todos los champiñones y saltea a fuego alto, revolviendo constantemente.

n) Añade la pasta de tomate y el vino blanco y deja reducir hasta que los champiñones estén suaves y tiernos.

o) Cubra el ragú con perejil fresco picado y castañas picadas. Dejar de lado.

PARA TERMINAR

p) Ponga a hervir una olla grande de agua con sal. Agregue los ñoquis de camote y cocine hasta que floten en la superficie, aproximadamente de 3 a 4 minutos.

q) Con una espumadera, transfiera los ñoquis a un plato grande. Repita con los ñoquis restantes.

r) Derrita 2 cucharadas de aceite de oliva en una sartén grande.

s) Agrega los ñoquis, revolviendo suavemente, hasta que estén caramelizados.

t) Agrega el Ragu de champiñones y añade unas cucharadas de agua de ñoquis.

u) Revuelve suavemente y deja cocinar durante 2-3 minutos a fuego alto.

v) Sirva con una pizca de queso parmesano encima.

95. Ñoquis De Camote Y Zanahoria

INGREDIENTES:
- 1 batata grande, horneada y pelada
- 1 zanahoria grande, cocida y pelada
- 2 tazas de harina para todo uso, más un poco más para espolvorear
- ½ cucharadita de sal
- ¼ cucharadita de canela molida
- ¼ cucharadita de nuez moscada molida
- ¼ de cucharadita de jengibre molido
- Mantequilla o aceite de oliva para cocinar.
- Hojas de salvia frescas para decorar.

INSTRUCCIONES:

a) En un tazón grande, triture la batata al horno y la zanahoria cocida hasta que quede suave.

b) En un recipiente aparte, combine la harina para todo uso, la sal, la canela molida, la nuez moscada molida y el jengibre molido.

c) Agrega poco a poco la mezcla de harina al puré de camote y zanahoria, mezclando bien hasta que se forme una masa suave. Si la masa queda demasiado pegajosa, añade un poco más de harina.

d) Transfiera la masa a una superficie ligeramente enharinada y amase suavemente durante unos minutos hasta que quede suave.

e) Divida la masa en porciones pequeñas. Enrolle cada porción en forma de cuerda, de aproximadamente ½ pulgada de diámetro.

f) Corta las cuerdas en trozos pequeños, de aproximadamente 1 pulgada de largo, para formar los ñoquis. Use un tenedor para hacer crestas en cada pieza si lo desea.

g) Ponga a hervir una olla grande de agua con sal. Agrega los ñoquis de boniato y zanahoria y cocínalos hasta que floten hacia la superficie. Esto debería tardar entre 2 y 3 minutos. Retire los ñoquis con una espumadera y déjelos a un lado.

h) En una sartén aparte, calienta un poco de mantequilla o aceite de oliva a fuego medio. Añade los ñoquis de boniato y zanahoria cocidos y saltéalos hasta que estén ligeramente dorados y crujientes.

i) Adorne los ñoquis de camote y zanahoria con hojas frescas de salvia antes de servir.

TOPINAMBUR

96.Carpaccio vegetariano

INGREDIENTES:
- 3 remolachas de diferentes colores; rosa, amarillo y blanco
- 2 zanahorias de diferentes colores; amarillo y morado
- 2 alcachofas de Jerusalén
- 4 rábanos
- 1 nabo
- ¼ taza de aceite de oliva
- 4 cucharadas de vinagre de vino
- 1 rebanada de pan, en cubos
- 2 cucharadas de piñones
- 1 cucharada de semillas de calabaza
- 2 cucharadas de aceite de nuez
- 1 puñado de lechuga
- sal marina
- pimienta negra recién molida

INSTRUCCIONES :

a) Lavar todas las verduras. Cortar en rodajas muy finas con una mandolina.

b) Colocar en un bol, verter el vinagre y el aceite de oliva y remover suavemente con los dedos.

c) Dejar reposar durante una hora.

d) Ase el pan con los piñones y las semillas de calabaza en una sartén seca, revolviendo constantemente.

e) Coloque las verduras en un plato y decore con picatostes y semillas.

f) Espolvorea con aceite de nuez, sal y pimienta.

g) Adorne con hojas de lechuga.

97.Alcachofas De Jerusalén Con Granada

INGREDIENTES:
- 500 g de alcachofas de Jerusalén
- 3 cucharadas de aceite de oliva virgen extra
- 1 cucharadita de semillas de nigella
- 2 cucharadas de piñones
- 1 cucharada de miel
- 1 granada, cortada por la mitad a lo largo
- 3 cucharadas de melaza de granada
- 3 cucharadas de queso feta, desmenuzado
- 2 cucharadas de perejil de hoja plana, picado
- Sal y pimienta negra

INSTRUCCIONES:

a) Precaliente el horno a 200 ° C / 400 ° F / marca de gas 6. Frote bien las alcachofas y luego córtelas por la mitad o en cuartos según el tamaño. Colóquelos en una bandeja para hornear grande en una sola capa y rocíe con 2 cucharadas de aceite. Sazone bien con sal y pimienta y luego espolvoree con las semillas de nigella. Ase durante 20 minutos o hasta que estén crujientes en los bordes. Agrega los piñones y la miel a las alcachofas durante los últimos 4 minutos de cocción.

b) Mientras tanto, quita las semillas de granada. Con un tazón grande y una cuchara de madera pesada, golpee el costado de cada granada partida por la mitad hasta que hayan salido todas las semillas. Retire cualquier médula. Vierta el jugo en un tazón pequeño y agregue el almíbar de granada y el aceite de oliva restante. Revuelva hasta que se combinen.

c) Cuando las alcachofas y los piñones estén listos, colóquelos en una fuente para servir con las semillas espolvoreadas. Vierta el aderezo sobre todo y termine con una pizca de queso feta y perejil para servir.

98. Cóctel de alcachofas y cilantro

INGREDIENTES:
- 4 alcachofas de Jerusalén
- 1 manojo de cilantro fresco, aproximadamente 1 taza
- 4 rábanos grandes, con cola y recortados
- 3 zanahorias medianas, recortadas

INSTRUCCIONES:
a) Procese las alcachofas de Jerusalén, una a la vez, a través de su exprimidor electrónico según las instrucciones del fabricante.
b) Enrolle el cilantro hasta formar una bola para comprimirlo y agregarlo.
c) Agrega los rábanos y las zanahorias.
d) Mezcle bien el jugo para combinar y sirva con hielo como desee.

99.Pollo Asado Con Alcachofa De Jerusalén

INGREDIENTES :
- 1 libra / 450 g de alcachofas de Jerusalén, peladas y cortadas a lo largo en 6 gajos de ⅔ de pulgada / 1,5 cm de grosor
- 3 cucharadas de jugo de limón recién exprimido
- 8 muslos de pollo con piel y hueso o 1 pollo entero mediano, cortado en cuartos
- 12 plátanos u otras chalotas grandes, cortadas por la mitad a lo largo
- 12 dientes de ajo grandes, rebanados
- 1 limón mediano, cortado por la mitad a lo largo y luego en rodajas muy finas
- 1 cucharadita de hebras de azafrán
- 3½ cucharadas / 50 ml de aceite de oliva
- ¾ taza / 150 ml de agua fría
- 1¼ cucharada de granos de pimienta rosa, ligeramente triturados
- ¼ de taza / 10 g de hojas frescas de tomillo
- 1 taza / 40 g de hojas de estragón, picadas
- 2 cucharaditas de sal
- ½ cucharadita de pimienta negra recién molida

INSTRUCCIONES :
a) Pon las cotorras en una cacerola mediana, cúbrelas con abundante agua y agrega la mitad del jugo de limón. Llevar a ebullición, bajar el fuego y cocinar a fuego lento durante 10 a 20 minutos, hasta que estén tiernos pero no blandos. Escurrir y dejar enfriar.
b) Coloque las alcachofas de Jerusalén y todos los ingredientes restantes, excluyendo el jugo de limón restante y la mitad del estragón, en un tazón grande y use sus manos para mezclar todo bien. Tapar y dejar marinar en el frigorífico toda la noche, o al menos 2 horas.
c) Precalienta el horno a 475°F / 240°C. Coloque los trozos de pollo, con la piel hacia arriba, en el centro de una fuente para asar y distribuya los ingredientes restantes alrededor del pollo. Ase durante 30 minutos. Cubre la sartén con papel de aluminio y cocina por 15 minutos más. En este punto, el pollo debería estar completamente

cocido. Retirar del horno y agregar el estragón reservado y el jugo de limón. Revuelva bien, pruebe y agregue más sal si es necesario. Servir de inmediato.

100. Lasaña De Espinacas Y Camote

INGREDIENTES:
- 2 a 3 batatas grandes (aproximadamente 2 libras), peladas y cortadas en rodajas de ½ pulgada
- 2 cabezas grandes de coliflor, cortadas en floretes
- ¼ de taza de piñones tostados
- Leche de almendras natural sin azúcar, según sea necesario
- 3 cucharadas de levadura nutricional, opcional
- ½ cucharadita de nuez moscada
- 1½ cucharaditas de sal
- 1 cebolla amarilla grande, pelada y cortada en cubitos pequeños
- 4 dientes de ajo, pelados y picados
- 1 cucharada de tomillo picado
- ½ taza de albahaca finamente picada
- 12 tazas de espinacas (alrededor de 2 libras)
- Sal y pimienta negra recién molida al gusto
- 12 onzas de fideos de lasaña integrales o con harina de alcachofa de Jerusalén, cocidos según las instrucciones del paquete, escurridos y enjuagados hasta que se enfríen

INSTRUCCIONES:

a) Coloque las batatas a baño maría o en una canasta vaporera y cocine al vapor durante 6 minutos, o hasta que estén tiernas pero no blandas. Enjuague hasta que se enfríe, luego escurra y reserve.

b) Cocine la coliflor al vapor durante 6 a 8 minutos hasta que esté muy tierna. Combine la coliflor y los piñones en una licuadora, en tandas si es necesario, y haga puré hasta que quede suave y cremoso, agregando leche de almendras si es necesario. Agregue el puré a un tazón grande y agregue la levadura nutricional (si la usa), la nuez moscada y la sal. Dejar de lado.

c) Coloca la cebolla en una sartén grande y saltea a fuego medio durante 10 minutos. Agregue agua de 1 a 2 cucharadas a la vez para evitar que se pegue a la sartén.

d) Agregue el ajo, el tomillo, la albahaca y las espinacas y cocine de 4 a 5 minutos, o hasta que las espinacas se ablanden. Agrega al puré de coliflor y mezcla bien. Sazone con sal y pimienta adicionales.

e) Precalienta el horno a 350°F.

f) Para preparar la lasaña, vierta 1 taza de la mezcla de coliflor en el fondo de una fuente para hornear de 9 × 13 pulgadas. Agrega una capa de fideos para lasaña. Coloque una capa de batatas encima de los fideos.

g) Vierta 1½ tazas de la mezcla de coliflor sobre las batatas. Cubra con otra capa de fideos, seguida de una capa de batatas.

h) Agrega otra capa de la mezcla de coliflor. Cubra con una capa final de fideos y el resto de la salsa de coliflor. Cubrir con papel de aluminio y hornear por 30 minutos.

i) Destape y hornee por otros 15 minutos, o hasta que la cazuela esté caliente y burbujeante. Deje reposar durante 15 minutos antes de servir.

CONCLUSIÓN

Al concluir nuestro viaje culinario a través del "Libro de cocina de tubérculos", esperamos que haya experimentado la alegría de dominar el arte de la cocina de tubérculos. Cada receta contenida en estas páginas es una celebración de los sabores terrosos, la riqueza nutricional y la versatilidad culinaria que los tubérculos aportan a su mesa, un testimonio de las posibilidades culinarias que se encuentran debajo de la superficie.

Ya sea que haya saboreado la simplicidad de los tubérculos asados, haya abrazado la creatividad de platos innovadores o haya explorado los beneficios nutricionales de varias raíces, confiamos en que estas recetas hayan encendido su pasión por cocinar con tubérculos. Más allá de los ingredientes y las técnicas, que el concepto de dominar la cocina de tubérculos se convierta en una fuente de inspiración, creatividad y una celebración de la generosidad de la naturaleza.

A medida que continúa explorando el potencial culinario de los tubérculos, puede que "El libro de cocina de los tubérculos" sea su compañero de confianza, guiándolo a través de una variedad de recetas que muestran la riqueza y versatilidad de estos tesoros subterráneos. Brindemos por saborear las bondades terrenales, crear comidas deliciosas y celebrar el papel esencial de los tubérculos en su repertorio culinario.

¡DISFRUTE DE SU COMIDA!

www.ingramcontent.com/pod-product-compliance
Lightning Source LLC
Chambersburg PA
CBHW071318110526
44591CB00010B/940